블랙박스 안의 권력

인공지능총서

인공지능 시대입니다. 기계가 인간의 인지를 대신하고, 사물이 인간을 통하지 않고 다른 사물과 직접 커뮤니케이션합니다. 이에 따른 인간 삶과 문명 변화를 정확히 이해·예측·대응하는 것은 이 시대 우리 모두의 과제입니다. 인공지능총서는 인공지능 기술과 환경의 여러 주제를 10가지 키워드로 정리합니다. 관련 개념과 이론, 학계와 산업계의 쟁점, 우리 일상의 변화를 다룹니다. 인간과 기술의 현재, 미래를 세심히 분석합니다.

일러두기

- 인명, 작품명, 저서명, 개념어 등은 한글과 함께 괄호 안에 해당 국가의 원어를 병기했습니다.
- 외래어 표기는 현행 어문규정의 외래어표기법을 따랐습니다.

처음이세요?

전문가세요?

지금, 큐알 찍으면

🎁 AI 입문서 바로 선물

📚 당신만의 필독서 추천

📖 500권 요약본 공짜

🎧 오디오북 무료 사용

블랙박스 안의 권력

김윤명

대한민국, 서울, 커뮤니케이션북스, 2025

블랙박스 안의 권력

지은이 김윤명
펴낸이 박영률

초판 1쇄 펴낸날 2025년 11월 7일

커뮤니케이션북스(주)
출판 등록 2007년 8월 17일 제313-2007-000166호
02880 서울시 성북구 성북로 5-11
전화(02) 7474 001, 팩스(02) 736 5047
commbooks@commbooks.com
www.commbooks.com

ISBN 979-11-430-0616-5 03500

책값은 뒤표지에 표시되어 있습니다.

차례

블랙박스 안의 권력에 대한 논의

논의의 필요와 접근 방식

인공지능과 알고리즘은 더 이상 기술 전문가들만의 영역이 아니다. 오늘날 알고리즘은 검색 결과를 배열하고, 채용 대상자를 선별하며, 보험료를 산정하고, 재범 가능성을 판단하는 등 사회 전반의 의사결정에 깊이 개입하고 있다. 그러나 이 기술들은 그 작동 방식이 외부에서 쉽게 이해되거나 검증되지 않는다는 점에서 '블랙박스'처럼 기능한다. 문제는 이러한 블랙박스 안에서 알고리즘이 구조적 편향과 차별을 재생산하고 있음에도, 사용자나 시민은 그 원인을 알기도, 책임을 묻기도 어렵다는 데 있다. 민주주의와 법치주의는 통제 가능한 권력을 전제로 하지만, 알고리즘 권력은 이러한 통제를 벗어난 새로운 형태의 비가시적 권력으로 부상하고 있다. 이로 인해 기술과 사회 정의, 법적 책임, 민주적 통제 사이의 긴장이 새롭게 구성되고 있다. 이 책은 바로 이러한 권력의 전환과 그 정당성에 대한 비판적 검토를 통해, 기술이 지닌 정치성과 윤리적 함의를 드러내고자 한다.

이 책은 알고리즘을 단순한 기술 시스템이 아니라, 사회 구조 속에서 작동하는 '의사결정 주체'로 간주한다. 각 장은 알고리즘이 어떻게 편향을 내재화하고, 사회적 판단을 자동화하며, 감시를 일상화하고, 책임을 회피하며, 민주적 질서를 위협하는지를 구체적으로 분석한다. 이를 위해 기술사회학, 법철학, 디지털 윤리, 공공정책 분석 등 다양한 학제적 관점을 접목해 서술했으며, 실제 사례와 제도 분석을 병행해 독자가 현상에 대한 문제의식을 가질 수 있도록 구성했다. 또한 각 장의 말미에서는 법적 · 제도적 대응 가능성을 제안함으로써, 단순한 비판에 그치지 않고 미래의 기술사회가 지향해야 할 민주적 기준을 함께 모색하고자 한다.

이 책의 구성

이 책 『블랙박스 안의 권력』은 인공지능과 알고리즘이 우리 사회의 결정 과정 속에 깊숙이 스며들며 어떻게 새로운 권력의 형태로 작동하고 있는지를 분석한다. 알고리즘은 이제 단순한 기술을 넘어, 데이터에 기반한 판단을 내리고 사회적 자원과 기회를 배분하며, 인간의 선택지를 보이지 않게 조정하고 있다. 문제는 이러한 알고리즘이 그 내부 구조를 외부에서 확인하기 어렵다는 점, 즉

'블랙박스'로 작동한다는 데 있다. 블랙박스 안에서 작동하는 알고리즘 권력은 민주적 통제나 시민의 감시를 회피한 채, 편향과 차별, 감시와 조작, 무책임성이라는 위험을 내포한다.

1장은 알고리즘 편향이 단순한 오류나 예외가 아니라, 구조적이고 반복되는 문제임을 짚으며 시작한다. 편향은 설계자와 훈련 데이터의 사회적 조건을 반영하며, 알고리즘이 중립적이지 않음을 밝힌다. 이어 2장에서는 블랙박스 구조로 인해 알고리즘의 판단 과정을 설명하기 어렵다는 점, 즉 '설명 가능성의 한계'가 기술적 · 법적 · 윤리적 문제를 낳고 있음을 논의한다. 3장은 이와 같은 기술이 인간의 판단력을 대체하며 점차 사회적 결정권을 탈취해 가는 과정을 분석하며, 기술과 권력의 재편에 대한 비판적 시선을 제기한다.

4장과 5장은 알고리즘이 미디어 환경과 일상 속 감시 구조를 어떻게 변형시키는지에 초점을 둔다. 추천 알고리즘은 개인의 선호를 강화해 사회적 확증 편향을 심화시키고(4장), 감시 알고리즘은 일상의 모든 움직임을 데이터화해 통제 가능한 대상으로 전환시킨다(5장). 6장은 이러한 알고리즘이 실제로 차별을 재생산하고 있으며, 기존의 법적 · 윤리적 기준으로는 이를 통제하기 어렵다는 현실을 보여 준다.

7장과 8장은 책임과 윤리의 문제로 이어진다. 알고리즘에 의한 피해가 발생했을 때 법적 책임의 주체가 불분명하며(7장), 윤리적 통제를 위한 가이드라인조차 실질적 제도화에는 이르지 못하고 있음을 지적한다(8장). 9장은 알고리즘이 정치적 조작과 여론 조성의 수단으로 악용되고 있는 현실을 통해, 기술이 민주주의에 미치는 영향을 비판적으로 조망한다. 마지막 10장은 알고리즘이 공공적으로 활용되는 영역에서조차 시민의 통제와 감시 없이 운영될 경우, 권력의 자동화가 불러올 위험성을 경고하며, 알고리즘에 대한 민주적 통제 장치의 제도화를 촉구한다.

『블랙박스 안의 권력』은 기술의 무오류성 신화를 해체하고, 알고리즘의 사회적 작동 방식에 대한 비판적 인식을 확산시키기 위한 시도다. 우리는 기술을 해석할 수 있어야만 그것을 통제할 수 있으며, 통제할 수 있어야만 권력을 균형 있게 배분할 수 있다. 이 책은 결국, 기술 민주주의의 가능성을 되묻고자 한다.

블랙박스 효과의 문제점: 보이지 않는 결정, 책임 없는 권력

21세기의 사회적 결정은 더 이상 인간에 의해서만 내려지지 않는다. 사람 대신 알고리즘이 채용 대상자를 선별하고, 뉴스 피드를 배열하며, 범죄 가능성을 예측하고, 대출 심사를 진행한다. 그러나 이러한 판단의 과정을 사람은 이해할 수 없다. '왜 나였는가?'라는 질문에 그 누구도 설명하지 않는다. 이것이 바로 오늘날 우리가 마주한 가장 심대한 권력의 전환, '블랙박스 효과'다.

기술적 복잡성과 비가시성

알고리즘의 블랙박스 문제는 먼저 기술적 구조에서 출발한다. 특히 딥 러닝 기반의 AI 모델은 수백만 개의 파라미터와 계층화된 뉴럴 네트워크로 구성되어 있으며, 그 작동 방식은 인간의 직관으로 해석 불가능한 수준에 이른다. 입력값이 어떻게 변형되고 가중되며, 어떤 경로를 통해 출력으로 이어지는지조차 명확히 추적할 수 없다. 개발자조차 '왜 그런 결과가 나왔는지'를 설명하지 못하는 시스템은 기술이 아니라 신비주의에 가깝다. 이로 인해 기술적 결정에 대한 통제가 불가능해지고, 이용자는 판단의 이유를 알 권리를 박탈당한 채 결과만을 수용하게 된다.

설명 가능성의 붕괴와 인간 존엄의 침식

인간 사회의 판단 구조는 본래 설명 가능성을 전제로 한다. 행정 처분이든 법원 판결이든, 그 이유는 명시되어야 하며, 설명을 통해 정당성과 책임이 확보된다. 그러나 블랙박스 알고리즘은 이 기본 원칙을 무력화시킨다. '판단은 있지만 이유는 없다.' 이는 곧 인간의 존엄을 구성하는 핵심인 자기 결정권, 반론권, 정당한 절차의 권리를 모두 부정하는 결과로 이어진다. 우리가 기계의 판단에 의해 교육 · 복지 · 금융 · 법적 보호의 기회를 박탈당하면서도, 그것을 질문할 수조차 없다면, 우리는 법치주의의 외부로 내몰리게 된다.

책임 회피와 통제 불능의 구조

블랙박스 효과는 기술 결정의 불투명성뿐 아니라, 법적 책임의 불명확성을 동반한다. 인간의 행위와 결과 사이에 인과관계를 입증할 수 있어야 책임이 성립한다는 전통적 법 원칙은, 알고리즘 블랙박스 앞에서 무력화된다. 알고리즘 개발자, 모델 배포자, 서비스 운영자, 데이터를 제공한 사용자들 사이에 책임은 분산되고 희석된다. 그 결과, 피해자는 있지만 책임자는 없는 권력 구조가 형성된다. 더욱이 기업은 알고리즘 구조를 '영업비밀'로 보호하며 외부의 검증을 거부하는 경향이 강하다. 이로 인해 '감시받지 않는 권력'이 사회 각층에 침투한다.

블랙박스는 차별을 은폐하고, 편향을 지속시킨다

편향된 데이터로 훈련된 알고리즘은 차별적 결과를 산출할 수 있으며, 이 경우 블랙박스 효과는 그 차별을 숨기는 역할을 한다. 예컨대, 여성이나 특정 인종이 채용에서 반복적으로 배제되더라도, 그 이유를 분석하거나 수정할 수 없기 때문에, 알고리즘은 편향을 지속시키고 제도화한다. 투명한 기준이 부재한 채 이뤄지는 차별은 더욱 은밀하고 정당화되며, '기계가 판단했기 때문'이라는 말은 면책의 수단이 된다.

블랙박스를 넘어서는 제도적 상상력

이러한 문제를 해결하기 위해선 단순한 기술 개발만으로는 부족하다. 설명 가능성 요구(explainability), 알고리즘 감사(auditability), 책임 추적성(traceability) 등 새로운 법적 · 제도적 기준이 마련되어야 한다. 특히 공공 서비스나 시민 권리와 직접적으로 관련된 알고리즘은, 설계 단계부터 설명 가능성과 통제 가능성을 전제로 만들어져야 한다. EU의 「AI 법」이나 미국의 「알고리즘 공정성법」 초안 등은 이러한 방향성을 제도화하려는 시도라 할 수 있다.

결론적으로, 블랙박스 효과는 단순히 기술의 불투명성 문제가 아니라, 인간의 존엄과 법적 권리를 침식시키는 새로운 권력의 형태다. 이 책은 우리가 기술의 효율성과 편리함 뒤에 숨겨진 통제 불가능한 판단자로서 알고리즘 권력을 어떻게 직시하고, 그것에 대해 사회적 통제를 복원할 수 있을지를 묻는 문제의식으로 구성되었다. 블랙박스를 해체하는 일은 곧 인간의 통제권을 회복하는 일이며, 민주주의의 기술적 기초를 재구성하는 작업이기도 하다.

구성 및 선정 이유

『블랙박스 안의 권력』은 인공지능과 알고리즘이 단순한 기술이 아니라 새로운 형태의 사회적 · 정치적 권력으로 작동하고 있다는 사실을 직시하면서, 그 권력의 실체를 해명하고 통제 가능성을 모색하는 데 목적을 둔다. 이 책은 알고리즘이 '객관적인 도구'라는 통념을 넘어 어떻게 사회적 편향을 내포하고 차별과 통제를 재생산하는지를 구조적으로 분석한다. 데이터의 구성에서부터 모델의 설계, 그리고 결과의 해석에 이르기까지, 알고리즘의 전 과정은 인간의 가치와 판단에 영향을 받으며, 이는 곧 사회적 불평등이 기술을 통해 강화될 수 있다는 문제의식을 낳는다. 전체 10장으로 구성된 이 책은 편향, 불투명성, 책임 회피, 감시 강화, 차별 재생산, 정치적 조작 등 알고리즘이 갖는 위험 요소들을 하나씩 조명하면서, 그로부터 파생되는 법적·윤리적 쟁점을 짚는다. 특히 후반부에서는 알고리즘을 단지 규제 대상이 아니라 공공적 관리의 대상으로 재위치시키고자 한다. 공공 알고리즘에 대한 민주적 통제, 시민의 설명 요구권, 기술의 공공화 같은 논의는 이 책이 기술적 문제를 넘어 정치적·헌법적 질문으로 나아가고 있음을 보여 준다. 결국 이 책은 기술의 시대에 우리가 어떤 규범과 제도로 사회를 구성할 것인지, 새로운 사회계약의 조건은 무엇이어야 하는지를 묻는 성찰의 기록이다.

1장. 알고리즘 편향의 구조적 원인

알고리즘은 그 자체로 중립적이지 않다. 그것은 데이터를 통해 학습하며, 이 데이터에는 사회의 편견과 불균형이 반영되어 있다. 알고리즘이 활용되는 과정은 종종 기술적 효율성이라는 이름으로 가려지지만, 사실은 그 안에 구조적인 차별이 재생산된다.

이 장에서는 편향의 원인이 단순한 프로그래밍 오류가 아니라, 데이터 수집과 분류, 학습 모델 설계, 출력의 해석까지 전 과정에 걸쳐 내재된다는 점을 강조한다. 알고리즘의 '객관성'은 일종의 신화일 수 있으며, 이는 새로운 불평등의 기제가 될 수 있다.

2장. 블랙박스 문제와 설명 가능성의 한계

딥 러닝 기반의 알고리즘은 인간조차 이해할 수 없는 방식으로 판단을 내리기 때문에, 이른바 '블랙박스' 문제가 발생한다. 이는 기술적 불투명성이 아니라, 사회적 정당성을 가로막는 중요한 장애물이다. "왜 그렇게 결정했는가?"에 대한 설명을 할 수 없다면, 책임도 물을 수 없다.

이 장에서는 설명 가능성(explainability)의 중요성을 짚으면서, 이를 기술적 한계로만 볼 것인지, 제도적 의무로 전환할 수 있을 것인지에 대한 논의를 펼친다. 민주주의 사회에서 설명 없는 권력은 정당화될 수 없다.

3장. 알고리즘의 사회적 결정권 탈취

알고리즘은 점차 인간의 결정을 대체하고 있으며, 이는

단순한 자동화가 아니라 권한의 이전을 의미한다. 신용 평가, 채용, 범죄 예측 등에서 알고리즘이 판단을 내리는 방식은 인간의 개입 여지를 줄이고 있다.

이 장에서는 알고리즘이 실제로 권한을 행사하고 있음에도 불구하고, 그것이 '도구'로 간주됨으로써 책임의 주체에서 벗어나 있는 현상을 비판한다. 인간이 결정하는 사회에서 기계가 결정하는 사회로의 전환은 곧 권력의 재구성이다.

4장. 추천 알고리즘과 확증 편향 강화

사용자 맞춤형 콘텐츠를 제공하는 알고리즘은 종종 사용자의 기존 성향을 강화하는 방식으로 작동한다. 이는 정보의 다양성을 축소시키고, 이용자를 특정 세계관에 고착시키는 결과를 초래한다.

특히 유튜브, 인스타그램 등에서의 추천 알고리즘은 사용자의 주의를 장기간 유지하는 방향으로 설계되어 있으며, 극단적 콘텐츠나 혐오 발언이 유통되는 경로가 되기도 한다. 이 장은 알고리즘이 사회적 분열을 강화할 수 있는 기제로 작동하고 있음을 경고한다.

5장. 알고리즘은 감시를 일상화한다

기술이 발전함에 따라 감시는 더 이상 특별한 행위가 아니라 일상이 되었다. 알고리즘은 개인의 온라인 행태를 실시간으로 분석하고 예측하며, 그것에 따라 행동을 유도하거나 제한한다.

이 장은 감시의 주체가 국가만이 아니라 기업, 플랫폼이라는 점을 강조하며, 알고리즘 감시가 인간의 자유를 어떻게 제약하고 있는지를 다룬다. '감시 없는 자유'는 더 이상 보장되지 않으며, 이는 새로운 형태의 통제 사회로 이어질 수 있다.

6장. 알고리즘 차별의 현실

AI 기반 시스템은 종종 여성, 소수자, 장애인 등에게 불리하게 작용하는 차별적 결과를 산출한다. 이는 학습 데이터의 불균형뿐 아니라, 알고리즘 개발자의 무의식적 편향에서 비롯되기도 한다.

이 장에서는 알고리즘이 재현하는 차별의 사례들을 소개하면서, '공정성'은 기술적 문제를 넘어 정치적 개입이 필요한 영역임을 제시한다. 단순히 알고리즘을 개선하는 것이 아니라, 그것이 작동하는 사회적 맥락 전체를 재구성할 필요가 있다.

7장. 알고리즘 책임의 사각지대

알고리즘 결정으로 피해를 본 사람은 누구에게 책임을 물을 수 있는가? 현재의 법체계는 명확한 가해자나 행위자가 있어야 책임을 묻지만, 알고리즘은 그러한 '주체성'을 갖지 않는다.

이 장은 책임 소재가 불분명한 상황에서 법적 공백이 어떻게 발생하는지를 설명하고, 알고리즘 책임의 원칙을 어떻게 재구성할 수 있을지를 모색한다. '누가' 잘못했는지가 아니라, '어떻게' 그 잘못이 생겼는지를 규명할 수 있는 새로운 법적 언어가 요구된다.

8장. AI 윤리와 투명성의 제도화 과제

많은 기업이 AI 윤리 강령을 제정하고 있지만, 실제로는 비공개성과 자율 규제에 머물러 있는 경우가 많다. 윤리 원칙이 선언에 그치지 않고 실질적 통제로 작동하려면 제도화가 필수적이다.

이 장에서는 윤리의 법제화, 거버넌스 체계 마련, 투명성 확보 장치를 통해 기술 개발과 사회적 책임 사이의 균형을 도모해야 한다는 주장을 펼친다. 윤리는 선택이 아니라, 기술이 사회에 편입되는 조건이어야 한다.

9장. 정치적 조작과 알고리즘 권력

알고리즘은 정치적 무기가 될 수 있다. 선거 여론 조작, 여론 형성 조율, 특정 이슈의 부각 혹은 억제 등은 알고리즘이 미디어 환경을 통해 실제로 작동하는 방식 중 하나다.

이 장은 알고리즘이 사회적 영향력을 넘어 정치적 영향력을 행사하고 있으며, 이는 민주주의의 전제를 위협할 수 있다고 본다. 플랫폼의 알고리즘 설계가 정치적 의도를 반영할 수 있는 만큼, 이에 대한 공적 통제가 필요하다.

10장. 공공 알고리즘과 민주적 통제의 필요성

알고리즘이 시민의 권리에 영향을 미치는 시대에는, 알고리즘 역시 공공성의 원칙 아래 놓여야 한다. 특히 공공기관에서 사용하는 알고리즘은 투명하고 설명 가능하며, 시민의 통제를 받을 수 있어야 한다.

이 장은 공공 알고리즘에 대한 민주적 통제 방안을 모색하며, 알고리즘의 공공성 확보가 디지털 민주주의의 핵심 과제임을 제시한다. 투명성과 참여, 책임성을 기반으로 한 새로운 사회계약이 필요하다는 주장으로 책을 마무리한다.

이 책에서 논의되는 것은 다양한 의견 중 하나로, 언젠가 기술 발전과 사회적 합의를 통해 답을 만들어 갈 수 있기를 희망한다.

01
알고리즘 편향의 구조적 원인

많은 사람들은 알고리즘이 인간보다 객관적이고 공정할 것이라는 기대를 갖는다. 그러나 이 기대는 '데이터는 중립적'이라는 가정에 근거한다. 실제로는 그렇지 않다. 데이터는 '무엇을 수집하고, 어떻게 분류하고, 어떤 방식으로 전처리할 것인가'라는 일련의 판단 과정을 거치며 생성된다. 이 과정은 철저히 사회적 조건과 가치 판단의 산물이다.

기후 위기와 인공지능?

데이터는 중립적인가?: 알고리즘에 내재된 사회적 편견

많은 사람들은 알고리즘이 인간보다 객관적이고 공정할 것이라는 기대를 갖는다. 그러나 이 기대는 '데이터는 중립적'이라는 가정에 근거한다. 실제로는 그렇지 않다. 데이터는 '무엇을 수집하고, 어떻게 분류하고, 어떤 방식으로 전처리할 것인가'라는 일련의 판단 과정을 거치며 생성된다. 이 과정은 철저히 사회적 조건과 가치 판단의 산물이다.

예를 들어, 채용 알고리즘을 위한 데이터에 '성별', '학교', '과거 직무 경험'이 포함될 때, 이 정보들이 어떻게 학습되고 해석되는지는 이미 사회 구조의 영향을 받은 결과다. 과거에 여성이 상대적으로 고위직에 적게 진출했던 이력은 데이터로서 축적되며, 알고리즘은 이를 학습해 '여성은 고위직에 부적합하다'는 결론을 도출할 수 있다.

이러한 문제는 단지 '데이터가 부족하다'는 차원의 문제가 아니다. 오히려 현실 사회의 구조적 차별이 데이터에 자연스럽게 반영되어 있으며, 기계는 그 차별을 학습해 자동화한다. 알고리즘 편향은 결국 '데이터에 담긴 편견'을 여과 없이 반영함으로써 발생한다. 데이터 자체가 사회문화적 산물이고, 그 시대적 가치가 담긴 것이라는 점에서 현재와는 다른 가치가 내재한 데이터의 특성이라고 할 것이다.

설계자가 만든 차별: 코드에 반영되는 인간의 가치

알고리즘은 인간이 만든다. 그리고 인간은 중립적이지 않다. 프로그래머나 개발자가 어떠한 가치를 기준으로 문제를 정의하고, 어떤 해결 방식을 선택하며, 어느 정보를 중요하게 여길지 결정하는 모든 과정에 개인의 가치관과 사회적 배경이 개입된다. 이는 알고리즘 설계 단계에서 이미 차별이 내재될 수 있음을 의미한다.

예를 들어, 소셜 미디어 콘텐츠 필터링 알고리즘이 '폭력적', '선동적' 콘텐츠를 걸러낸다고 할 때, 이 콘텐츠가 무엇인지 정의하는 기준은 누가 정하는가? 어떤 문장, 어떤 이미지, 어떤 말투가 '선동'인지 판단하는 것은 기술적 사안이 아니라 해석의 문제이며, 정치적 판단이다.

또한 '성공'이나 '신뢰성' 같은 개념 역시 사회적 맥락에 따라 의미가 다르다. 예를 들어 채용 알고리즘에서 '성공적인 인재'의 특성을 학습시키면, 그것은 설계자가 정의한 '성공'이라는 개념을 반영한 결과일 뿐이다. 이처럼 알고리즘은 사회적으로 구성된 가치를 재현하는 도구이며, 개발자와 설계자의 시선은 코드 안에 그대로 내재된다.

대표성 부족이 만든 왜곡된 판단

데이터세트에 특정 집단이 과소 대표되거나 배제될 경우, 알고리즘은 전체 인구를 정확하게 반영하지 못한다. 이는 특히 소수자 집단, 취약 계층, 비주류 문화 등에 대한 왜곡된 판단으로 이어진다. 즉, 알고리즘의 판단 기준은 '보편적'이라기보다는, '대표되는 다수 집단'의 특성을 일반화한 결과다.

대표적 사례로, 얼굴 인식 알고리즘이 흑인 여성의 얼굴을 잘 인식하지 못하는 문제가 있다. 오래전 구글 서비스는 흑인 여성을 고릴라로 태깅한 사건이 있었다. 이는 훈련 데이터에 백인 남성의 이미지가 과도하게 포함된 데 반해, 유색 인종 여성은 거의 포함되지 않았기 때문이다. 결과적으로 흑인 여성은 잘못된 신원 인식으로 인해 공항 보안 검색, 경찰 추적, 채용 등에서 반복적인 불이익을 겪는다.

이러한 오류는 '기술적 한계'라기보다, 사회적 무관심과 기술적 설계의 책임 방기에서 비롯된 문제다. 알고리즘이 실생활의 다양한 정체성을 반영하려면, 데이터세트의 구성에서부터 대표성과 다양성 확보가 전제되어야 한다.

알고리즘은 '과거'를 학습한다: 편향의 역사화

알고리즘은 본질적으로 과거의 데이터를 학습한다. 과거의 데이터를 분석하고 패턴을 찾아내는 것이 AI 학습의 출발점이기 때문이다. 그러나 우리가 사는 사회는 '완전한 과거'가 아닌, 불완전하고 차별적인 과거의 결과물이다. 따라서 알고리즘은 단지 과거를 반영하는 것이 아니라, 차별적 과거를 미래로 연장하는 기계가 될 수 있다.

가령, 한 도시에서 범죄율이 높다고 판단된 지역의 과거 치안 데이터를 기반으로 예측형 경찰 배치를 시행한다면, 해당 지역은 지속적으로 감시 대상이 되고, 그로 인해 다시 범죄 데이터가 증가하며 악순환이 이어진다. 이때 알고리즘은 과거의 편향을 미래의 사실로 만들고, 결과적으로 '차별의 자기 증명 구조'를 강화하게 된다.

이러한 알고리즘의 특성은 과거로부터 자유롭지 못한 인간 사회의 구조적 문제를 기술적으로 영속화하며, 법적 · 윤리적 통제가 필요한 이유를 명확히 보여 준다.

공정성은 어떻게 정의되는가?

알고리즘의 공정성 문제는 기술적 논의뿐 아니라 윤리적 · 법적 기준의 설정 문제로 이어진다. 그러나 문제는 '공정성'이라는 개념 자체가 모호하고, 이해관계자마다 다르게 해석된다는 점이다.

기술 영역에서는 수학적으로 정의된 공정성 모델(예: equalized odds, demographic parity 등)이 존재한다. 하지만 이들은 사회적 맥락을 충분히 반영하지 못한다. 예컨대 '남성과 여성의 대출 승인율이 동일하다'는 것이 반드시 공정한가? 만약 여성은 과거에 금융 차별을 당해 대출 이력이 적었다면, 동일한 승인률은 기존 불평등을 지속시키는 결과가 된다.

법적으로도 공정성은 평등권, 차별 금지 원칙, 합리적 기준에 근거해야 하며, 단순한 수치의 일치가 아닌 결과의 정의로 평가되어야 한다. 이때 요구되는 것은 '형식적 공정성'이 아닌 '실질적 정의'다.

따라서 공정한 알고리즘이란 단지 오류 없는 알고리즘이 아니라, 사회적 맥락을 고려해 소수자의 권익과 인간의 존엄을 보장하는 알고리즘이어야 한다. 법은 이 기준을 기술 설계와 운영에 요구할 수 있어야 하며, 이는 알고리즘 공정성의 본질적 과제다.

02
블랙박스 문제와 설명 가능성의 한계

알고리즘은 '결정자'의 지위를 점점 더 확고히 하고 있다. 문제는 이러한 결정이 점점 더 복잡하고 정교해질수록, 그것이 어떻게 내려졌는지 설명하거나 추적하기가 어렵다는 데 있다. 많은 경우, 당사자는 어떤 판단을 받았는지는 알 수 있어도, 왜 그런 판단이 나왔는지를 알 수 없다. 이러한 현상을 우리는 흔히 '블랙박스 AI' 문제라고 부른다.

노래하는 AI 보컬?

블랙박스 AI, 책임 없는 판단의 위험

인공지능이 사회 전반의 의사결정 구조에 깊이 침투하면서, 우리는 점점 더 많은 판단을 기계에 위임하는 사회로 이행하고 있다. 공공 행정에서의 자격 심사, 민간 영역에서의 채용 또는 대출 승인, 그리고 형사 사법 시스템에서의 재범 위험 평가에 이르기까지, 알고리즘은 '결정자(decider)'의 지위를 점점 더 확고히 하고 있다. 문제는 이러한 결정이 점점 더 복잡하고 정교해질수록, 그것이 어떻게 내려졌는지 설명하거나 추적하기가 어렵다는 데 있다. 많은 경우, 당사자는 어떤 판단을 받았는지는 알 수 있어도, 왜 그런 판단이 나왔는지를 알 수 없다. 이러한 현상을 우리는 흔히 '블랙박스 AI' 문제라고 부른다. 실제, 콤파스(COMPAS) 사건은 알고리즘의 차별적인 상황을 보여 주는 사례라고 할 수 있다.

블랙박스란 단순히 기술적으로 복잡하다는 뜻만은 아니다. 그보다 더 중요한 점은 알고리즘의 작동 원리와 판단 기준이 외부에서 관찰되거나 이해될 수 없다는 구조적인 비가시성에 있다. 이는 단순한 불편함을 넘어, 법적 · 윤리적 문제로 이어진다. 판단이 있다는 것은 결과가 있다는 뜻이지만, 판단에 대한 설명이 없다면 그것은 책임이 없는 판단이다. 민주주의와 법치주의의 기본 원리는 모든 공권력의 행사는 정당해야 하며, 정당하려면 그 이유가 있어야 하고, 그 이유는 설명 가능해야 한다는 점이다. 판단의 이유가 숨겨진다면, 시민은 그것에 대해 항의하거나 반론을 제기할 수 없고, 이의 신청이나 소송도 무력해질 수밖에 없다.

특히 문제가 되는 것은 이러한 책임 회피 구조가 의도 없이도 발생할 수 있다는 점이다. 즉, 블랙박스 AI는 설계자가 악의적이지 않아도 책임을 희석시키는 결과를 낳는다. 이는 법적 책임을 전제로 한 기존의 권리 구제 시스템과 정면으로 충돌한다. 예를 들어, 채용 알고리즘에 의해 탈락한 지원자가 자신의 탈락 사유를 알고 싶다고 요청했을 때, 기업은 "AI가 그렇게 판단했다."고만 답할 수 있다면, 이는 사실상 아무 책임도 지지 않는 무권한 결정과 다를 바 없다. 알고리즘이 법적 판단을 대체하는 순간, 책임은 인간의 영역에서 시스템의 영역으로 이동하지만, 시스템은 책임을 질 수 없는 존재라는 데 핵심적인 문제가 있다.

더 나아가 블랙박스 AI는 단지 개인적 피해로 그치지 않고, 집단적 불평등을 강화하고 제도화할 수 있다는 점에서도 위험하다. 과거의 차별적 데이터가 학습되면, 알고리즘은 '객관적 판단'이라는 이름으로 특정 계층, 특정 지역, 특정 집단을 지속적으로 불이익의 대상으로 설정할 수 있다. 그리고 그러한 결과는 '기계가 내린 판단'이라는 이유로 항의조차 어려운 일이 된다. 이는 기술의 형식을 빌린 새로운 형태의 구조적 차별이며, 책임의 주체가 실종된 판단 체계는 곧 권리의 부재를 의미한다.

따라서 우리는 AI의 블랙박스성을 단지 기술적 난제로 볼 것이 아니라, 법적 · 윤리적 더 나아가서는 정치적 통제의 대상으로 인식해야 한다. 공공 부문에서 AI를 사용하는 경우, 설명 가능성과 알고리즘 영향 평가의 가능성을 전제로 하지 않는 한, 그 결정은 공공 서비스로 보기 어렵다. 민간 기업 또한 알고리즘을 통한 판단에 대해 최소한의 설명과 이의 제기 경로를 제공할 법적 의무를 져야 한다. '책임 있는 기술'은 단순히 정교한 기술이 아니라, 설명할 수 있는 기술이며, 그 판단을 누가 어떻게 책임지는지 분명히 하는 구조에서만 가능하다. 단순한 개인정보 주체로서가 아니라, 서비스를 이용하는 시민으로서 요구할 수 있는 사회적 권리여야 한다. 따라서 「개인정보보호법」의 정보 주체의 권리에서 'AI 기본권'으로 확대되어야 할 권리여야 한다.

딥 러닝과 설명 불가능성의 구조

오늘날 인공지능 알고리즘 가운데 가장 널리 활용되고 있는 기술은 바로 '딥 러닝(Deep learning)'이다. 딥 러닝은 인간이 스스로 규칙을 정의하지 않아도 방대한 데이터를 스스로 학습하고, 그 안의 패턴을 추출해 예측하거나 분류하는 능력을 가진 알고리즘이다. 이 기술은 이미지 인식, 언어 생성, 음성 인식, 자율주행, 의료 진단, 사법 예측 등 거의 모든 AI 응용 영역에서 압도적인 성능을 발휘하고 있다. 그러나 이러한 놀라운 성능의 이면에는 결정적인 단점이 존재한다. 그것은 바로 설명 불가능성(Unexplainability)이다.

딥 러닝 알고리즘은 기본적으로 인공 신경망(Artificial Neural Network)의 구조를 따른다. 입력값(input)이 여러 층의 노드(layer)를 거치며 변형되고, 출력값(output)으로 이어진다. 그 과정에서 가중치(weight)와 활성 함수(activation function) 등이 복잡하게 작용해 최종 판단을 이끌어내는데, 이 수많은 중간 계산 과정은 인간의 눈으로 보기에는 그야말로 '수학적 미궁'에 가깝다. 특히 딥 러닝은 수천 개 이상의 파라미터와 연산 단계를 포함할 수 있기 때문에, 설계자조차도 "왜 이런 결과가 나왔는가?"라는 질문에 대해 직접적인 설명을 제공할 수 없다.

이러한 구조는 기존의 규칙 기반(rule-based) 시스템과 결정적으로 다르다. 규칙 기반 시스템은 사람이 직접 조건과 로직을 정의하므로, 특정 결과가 나오면 그 이유를 규칙에서 추적할 수 있다. 반면 딥 러닝 시스템은 결과는 명확하지만, 그 과정은 불투명한 '결정의 블랙박스'가 되어 버린다. 이는 단지 '불친절한 설명'의 문제가 아니라, '설명할 수 없음'이라는 근본적 구조의 문제다.

설명 불가능성은 기술적 한계인 동시에, 법적 · 사회적 문제로 연결된다. 법적 판단에서 중요한 것은 결과만이 아니라 '절차'와 '이유'다. 왜냐하면 법은 예측 가능성과 설명 가능성을 통해 시민의 권리를 보호하고, 공권력의 남용을 방지하기 때문이다. 그런데 딥 러닝 기반 AI가 어떤 결정을 내렸을 때, 그 판단이 설득력을 가지려면 당연히 '이유'가 있어야 하며, 그 이유는 사람이 납득 가능한 형태로 설명 가능해야 한다. 그러나 현재의 딥 러닝 기술은 이 요구를 충족시키지 못하고 있다.

더 큰 문제는 이 불투명성이 고의 없이도 발생하며, 실무자나 운영자가 '설명할 수 없는 것을 설명하지 않는 것'으로 책임을 회피할 수 있다는 점이다. 이는 시민의 권리를 침해할 뿐 아니라, 사회 전체의 책임 구조를 흐리게 만든다. 예를 들어, 공공 기관이 복지 대상자를 분류할 때 딥 러닝 기반 알고리즘을 사용했다고 하자. 탈락한 시민이 "내가 왜 제외되었는가?"라고 물었을 때, 기관은 알고리즘의 내부 구조를 이유로 설명을 거부하거나, "우리도 모른다"는 답을 할 수 있다. 이는 정당한 판단이 아니라, 책임의 회피이며 '설명 없는 권력'이 행사되는 상황에 다름 아니다.

이러한 설명 불가능성은 단순히 기술적으로 더 발전하면 해결될 문제도 아니다. 오히려 딥 러닝이 고도화될수록, 그 내부 구조는 더욱 복잡해지고, 사람의 직관이나 언어로 해석하기는 더 어려워진다. 최근 일부 기술자들이 시도하고 있는 '설명 가능한 인공지능(Explainable AI, 이하 XAI)' 기술 역시 딥 러닝의 전체 판단 구조를 이해시키는 데에는 한계가 있다. 결국 딥 러닝은 정확성을 극대화한 기술이지만, 그 대가로 설명 가능성이라는 핵심 요소를 포기한 시스템인 것이다.

따라서 우리는 딥 러닝의 성능만을 기준으로 AI를 평가해서는 안 된다. 정확성과 투명성은 균형되어야 하며, 판단의 정당성은 언제나 사람의 이해를 전제로 한다. 딥 러닝이 아무리 뛰어난 예측을 하더라도, 그 결과에 대해 누구도 설명할 수 없다면, 우리는 그것을 '신뢰할 수 있는 판단'이라고 부를 수 없다. 기술의 효율성과 사회적 정당성 사이의 균형을 어떻게 설정할 것인가는 향후 AI 시대의 가장 중요한 법적 과제가 될 것이다.

투명한 AI를 위한 기술적 접근: XAI의 가능성과 한계

앞서 살펴본 바와 같이, 딥 러닝 기반 인공지능은 고도의 정확도와 효율성을 제공하지만, 동시에 판단 과정이 설명되지 않는다는 근본적 문제를 안고 있다. 이러한 불투명성은 단순한 기술적 불편을 넘어, 인간의 권리와 법적 책임, 민주적 통제라는 근본적 가치와 충돌하게 된다. 이에 따라 최근 인공지능 연구 및 법 정책 분야에서는 XAI의 필요성과 가능성에 주목하고 있다. 이는 블랙박스 AI의 불투명한 작동을 해명하고, 그 판단의 원리를 인간이 이해할 수 있도록 만들려는 시도다. 하지만 이러한 기술적 접근이 실제로 얼마나 유효한지, 그리고 법적 정당성을 보완하기에 충분한지는 여전히 논쟁의 대상이다.

XAI의 기본적인 목적은 단순하다. 알고리즘이 특정 결과를 도출할 때, 그 판단에 영향을 준 주요 요인이 무엇인지, 어떤 과정이 있었는지를 인간에게 설명할 수 있도록 하는 것이다. 이를 위해 다양한 기법이 개발되고 있다. 예컨대, SHAP(SHapley Additive exPlanations)나

LIME(Local Interpretable Model-Agnostic Explanations) 같은 방법은 입력 변수 중 어떤 요소가 결과에 얼마나 영향을 미쳤는지를 시각화하거나 수치화해서 보여 주는 방식이다. 이미지 인식의 경우, AI가 주목한 이미지의 특정 영역을 하이라이트로 표시해 사람이 AI의 '관점'을 이해할 수 있도록 돕는다. 이처럼 XAI는 복잡한 수학적 계산을 '설명 가능한 형태'로 번역하려는 기술적 시도라 할 수 있다.

그러나 이러한 XAI 기술은 여전히 구조적인 한계를 안고 있다. 가장 먼저 지적되는 점은 이 설명들이 대체로 '국소적(local)'인 데 그친다는 것이다. 즉, AI의 전체 판단 시스템을 해명하는 것이 아니라, 특정한 하나의 출력값에 대해서만 부분적인 해석을 제공하는 것이다. 이는 전체 구조에 대한 투명성 확보에는 턱없이 부족하다. 실제로 동일한 결과에 대해 서로 다른 설명이 제공되거나, 알고리즘 내부 논리와 불일치하는 설명이 제시되는 경우도 존재한다. 이는 XAI의 설명이 본질적으로 '해석'에 불과하고, 모델의 진짜 판단 구조와는 괴리가 있을 수 있음을 보여 준다.

또한 중요한 점은, 설명이 기술적으로 가능하더라도, 그것이 법적 · 사회적으로 납득 가능한 설명이 되느냐는 전혀 별개의 문제라는 것이다. 법적 의미에서의 설명은 단순한 수치나 시각화가 아니라, 시민이 자신의 권리를 이해하고 이의를 제기할 수 있을 정도로 명확하고 정합적이어야 한다. 그러나 대부분의 XAI 설명은 여전히 전문가 중심의 기술 용어로 구성되어 있어 일반 시민이 실질적으로 활용하기 어렵다. 이는 결국 설명의 '형식'은 제공되었지만, 설명의 '내용'은 일반인에게 닿지 않는 또 하나의 블랙박스를 만든 셈이 된다.

더 나아가, XAI는 오히려 기술적 권력을 정당화하는 수단이 될 수도 있다. 기업이나 공공 기관은 XAI 기술을 활용해 '우리는 설명 가능한 AI를 사용하고 있다'는 외양을 취하지만, 실제로는 판단 구조의 불투명성과 편향을 가리기 위한 포장일 수 있다. 설명이 오히려 기술의 결정에 대한 비판 가능성을 봉쇄하는 수단이 된다면, 그것은 정당화의 수단이지 투명성의 실현이 아니다. 따라서 XAI는 단지 기술의 영역에만 머물러서는 안 되며, 반드시 법적 책임 구조와 결합되어야 한다.

결론적으로, 설명 가능한 AI는 블랙박스 문제에 대한 중요한 대응이지만, 그것만으로는 충분하지 않다. 설명은 기술의 문제가 아니라, 결국 '이해 가능성'이라는 사회적 조건과 맞닿아 있어야 한다. 시민이 납득할 수 있는 설명, 법정에서 검증될 수 있는 설명, 피해자가 권리를 행사할 수 있는 설명이 되어야만, 비로소 그것은 정당한 AI로 인정받을 수 있다. 따라서 XAI는 그 자체로 목적이 아니라, 더 민주적이고 책임 있는 기술 체계를 향한 중간 단계로 이해되어야 하며, 이를 넘어서는 제도적 · 법적 장치들이 함께 마련되어야 한다.

설명할 수 없는 판단은 정당한가?

법의 세계에서 '설명'은 단지 부가적인 기능이 아니라, 정당성의 핵심 요건이다. 우리는 누군가로부터 불이익한 결정을 받았을 때, 그 판단이 '왜' 내려졌는지를 알 권리를 가진다. 재판에서는 판결 이유가 반드시 제시되어야 하며, 행정 처분 역시 구체적 사유를 포함해야 한다. 이것은 단순히 정보를 제공하기 위한 것이 아니라, 당사자가 이의를 제기하고, 절차적 권리를 행사할 수 있는 기반을 제공하기 위한 것이다. 이러한 설명은 법치주의의 가장 기본적인 조건이며, 절차적 정의의 전제다. 그러나 인공지능의 도입은 이 원칙에 근본적인 도전 과제를 제기하고 있다.

오늘날의 인공지능, 특히 딥 러닝 기반 알고리즘은 놀라운 수준의 정확성과 효율성을 제공하지만, 왜 그러한 판단을 내렸는지를 설명할 수 없다. 이는 알고리즘의 설계 방식 때문이기도 하거니와, 학습 데이터와 결과 간의 인과관계가 인간의 언어로 환원되지 않는다는 구조적 특성 때문이다. 문제는 이러한 불투명한 결정이 개인의 삶에 점점 더 중요한 영향을 미치고 있다는 점이다. 은행에서 대출이 거절되었을 때, 채용에서 탈락했을 때, 복지 수급 대상에서 제외되었을 때, 또는 사법 영역에서 재범 위험이 높다고 분류되었을 때, 개인은 그 결정이 어떻게 만들어졌는지조차 알 수 없는 상황에 직면하게 된다.

이러한 구조 속에서 우리는 다음과 같은 질문을 던지지 않을 수 없다. "설명할 수 없는 판단이 과연 법적으로, 윤리적으로 정당할 수 있는가?" 이에 대한 대답은 명확하다. 정당성은 단지 결과의 정합성에서 오는 것이 아니라, 그 결과에 이르는 과정의 공개성과 반론 가능성에서 비롯된다. 절차적 정당성은 판단의 이유가 명확히 밝혀지고, 그것이 평가와 비판의 대상이 될 수 있을 때 성립한다. 설명을 제공할 수 없는 판단은 정당성의 최소 요건을 충족하지 못하며, 궁극적으로는 권력 행사로서의 정당성을 결여하게 된다.

더 큰 문제는 이러한 판단 구조가 점점 더 '권위화'되고 있다는 점이다. 많은 사람들이 '기계가 판단했기 때문에 더 정확하고 공정할 것'이라고 믿는다. 이는 AI의 '중립성'에 대한 환상에 기반한 것으로, 기술적 결정이 오히려 더 신뢰할 수 있다는 인식이 광범위하게 퍼져 있다. 그러나 설명 없는 판단이 신뢰를 받는다는 것은 비판 불가능한 판단이 오히려 더 큰 권력을 가진다는 위험을 내포한다. 이러한 구조는 민주주의와 법치주의의 가장 근본적인 원칙, 즉 "모든 권력은 통제 가능해야 한다"는 전제를 뒤흔든다.

또한 설명 없는 판단은 사회적 약자에게 더 큰 피해를 초래한다. 정보 접근성이 낮고, 기술에 대한 이해가 부족한 이들은 설명을 요구할 권리조차 인식하지 못하며, 기술적 판단 앞에서 더욱 소외된다. 이는 결과적으로 기술이 불평등을 재생산하고, 사회적 신뢰를 침식하는 구조로 작용할 수 있다. 우리가 원하는 것은 더 정확한 기술이 아니라, 더 책임 있는 기술이어야 한다. 책임 있는 기술이란 곧, 결과에 대해 설명할 수 있고, 그 설명이 사회적 평가와 법적 판단의 대상이 될 수 있어야 한다.

결국 설명할 수 없는 판단은 아무리 높은 정확도를 지니고 있더라도, 법적으로 정당화되기 어렵다. 설명은 법적 권리의 행사, 책임의 귀속, 그리고 민주적 통제를 가능하게 하는 핵심 구조이기 때문이다. 기술이 인간을 대체하는 것이 아니라, 인간의 결정을 보조하는 수준이라면, 설명 가능성은 반드시 확보되어야 할 최소 조건이다. 따라서 우리는 기술의 편의성에 앞서, 설명의 윤리와 절차의 정당성이라는 원칙을 재확인해야 한다. 그것이 AI 시대의 법치주의를 지키는 길이다.

법정에서의 블랙박스: 증거 능력과 사법 절차

인공지능이 사회 전반에 도입되면서, 우리는 점점 더 많은 결정을 기계에 위탁하고 있다. 그리고 이러한 기술 기반 판단은 점차 법정으로 들어오고 있다. 경찰의 AI 범죄 예측 시스템, 보험사의 AI 진료비 산정 모델, 형사 재판에서의 재범 위험도 분석 도구, 그리고 행정 소송에서 다뤄지는 복지 대상 선정 알고리즘 등은 모두 '기계가 판단한 결과'를 증거로 제시하는 사례다. 이 과정에서 핵심적으로 제기되는 쟁점이 바로 블랙박스 알고리즘의 판단이 과연 법정에서 유효한 증거가 될 수 있는가라는 질문이다. 이 질문은 단지 기술의 정합성만이 아니라, 증거 능력, 입증 책임, 절차적 정의, 실체적 진실 발견의 가능성이라는 법의 핵심 원리와 밀접하게 연결되어 있다.

우선, 법정에서 증거가 되기 위해서는 그 출처와 생성 과정이 검증 가능하고 신뢰할 수 있어야 한다. 그러나 블랙박스 AI는 그 판단 과정이 외부에 공개되지 않으며, 때로는 개발자조차 명확한 설명을 제공하지 못한다. 피고가 "왜 나는 이런 위험도로 평가되었는가"를 묻더라도, 검사는 "알고리즘이 그렇게 판단했다"는 답밖에 줄 수 없다면, 이는 실질적으로 증거로서의 반론 가능성을 박탈하는 것이 된다. 이는 「형사소송법」이 요구하는 피고인의 방어권 보장 원칙과 정면으로 충돌한다.

더욱이, 이와 같은 알고리즘이 기업의 영업비밀 보호를 이유로 구조와 파라미터를 공개하지 않는다면, 방어권은 단지 이론적인 권리에 불과하게 된다. 만일 증거의 형식으로 AI 판단 결과만 제출되고, 그 판단의 신뢰성을 평가할 수 있는 최소한의 정보조차 법정에서 확인되지 않는다면, 이는 실질적으로 불균형한 증명 구조를 초래한다. 기술을 독점한 측은 증거를 제시하면서도 책임을 회피할 수 있고, 이에 대응하려는 측은 검증의 기회를 보장받지 못하는 것이다.

이러한 문제는 민사소송에서도 동일하게 발생한다. 대출을 거절당한 고객이 금융 회사를 상대로 손해배상을 청구했을 때, 그 결정이 AI 시스템에 따른 것이라면, 법원은 그 판단이 정당한 이유에 근거했는지를 검토해야 한다. 그러나 만일 시스템이 블랙박스 구조를 가지고 있어 법원도 내부 논리를 알 수 없다면, 그것은 결과만을 놓고 판단해야 하는 '사후적 평가'로 전락하게 된다. 결국, 법정에서 블랙박스 AI는 사법적 통제에서 벗어난 자율적 판단 기계로 기능할 위험이 있다.

그렇다면 이러한 상황을 방지하기 위해 우리는 어떤 제도적 장치를 마련해야 할까? 첫째, 알고리즘이 생성한 판단이 법정에서 증거로 제출될 경우, 그 판단의 근거와 구조에 대한 최소한의 투명성 확보가 필요하다. 이를 위해 알고리즘 감사(audit) 제도를 법적으로 도입하고, 일정 기준 이상의 공공적 성격을 띤 알고리즘에는 구조 공개나 해석 가능성 검증을 의무화해야 한다. 둘째, 법원은 알고리즘 판단의 증거 능력을 평가할 때, 단지 결과의 정확성만이 아니라 설명 가능성과 검증 가능성을 기준으로 삼아야 한다. 셋째, 피고인 또는 소송 당사자가 AI 결정에 반박할 수 있는 전문적 조력(예: 알고리즘 전문가의 참여)을 요청할 수 있는 기술적 방어권 보장 제도도 마련되어야 한다.

무엇보다 중요한 점은, 법이 기술에 종속되어서는 안 된다는 원칙이다. 기술이 아무리 정교하고 효율적이라 하더라도, 그 판단이 공정한 절차와 대등한 권리 보장의 원칙을 훼손한다면, 그것은 결코 법적으로 정당한 판단이 될 수 없다. 법정에서 증거란 단지 '사실을 가리키는 결과물'이 아니라, 그 자체가 공정성과 투명성, 책임성을 담보하는 구조이어야 한다. 우리는 이제 인공지능 시대에 걸맞은 '디지털 증거에 대한 새로운 기준'을 법적으로 정립해야 할 때다. 그 기준은 기술적 효율성이 아니라, 법적 정당성과 인간의 권리로부터 출발해야 한다.

03
알고리즘의 사회적 결정권 탈취

효율성이라는 이름 아래, 인간이 기술에 의해 판단당하고 배제되는 구조는 정당화될 수 없다. 우리는 '결정의 인간성'을 회복해야 하며, 이를 위해 기술의 투명성과 책임성을 법과 제도를 통해 요구해야 한다. 기술은 인간을 대신해 결정하는 것이 아니라, 인간의 결정을 보조하는 도구로 존재해야 한다. 이 원칙이 지켜질 때에만 기술은 인간을 소외시키지 않고 공존의 기반이 될 수 있다.

인공지능과 편향?

기계가 내린 판결: 자동화된 사법의 미래

21세기 사법 시스템은 점점 자동화와 알고리즘 기반 예측 시스템에 의존하고 있다. 미국에서는 이미 몇몇 주에서 재범 위험 예측 프로그램(COMPAS, Correctional Offender Management Profiling for Alternative Sanctions)을 형사 재판의 참고 자료로 활용하고 있으며, 일부 국가에서는 판례 검색 및 양형 판단에 인공지능 기술을 도입하고 있다. 이른바 'AI 판사' 혹은 'AI 사법'의 시대가 도래하고 있는 것이다. 이러한 흐름은 효율성과 일관성을 강화한다는 장점을 지니지만, 동시에 결정 주체가 인간이 아닐 때 발생하는 법적 · 윤리적 문제를 낳는다.

우선, 재판이라는 행위는 단순한 정보 조합이 아니라, 가치 판단과 해석, 맥락 읽기, 그리고 인간성에 대한 고려를 포함한다. 그런데 알고리즘은 숫자와 패턴에는 능하지만, 사회적 맥락과 인간의 고통을 이해하지 못한다. 예를 들어, 동일한 범죄 이력이 있다고 해도, 재범의 동기, 환경, 반성 여부 등은 정성적 판단의 영역이다. 그런데 알고리즘은 과거 데이터에 기반한 확률로 인간의 미래를 예측하며, 때로는 이를 '객관적인 근거'라며 법원이 무비판적으로 수용할 수도 있다. 이는 법의 인간 중심성과 맞지 않는 방식이다.

또한, 사법 판단에 알고리즘이 개입하면, 그 오류는 인간보다 더 은밀하고 반복적으로 일어난다. 기계는 피고인의 인종, 주소지, 직업군 등을 변수로 사용하면서도, 그 판단이 편향되었다는 사실을 스스로 인식하지 못한다. 특히 블랙박스 구조를 가진 AI의 경우, 왜 특정 피고인이 '고위험군'으로 분류되었는지를 법정에서도 설명할 수 없다면, 이는 방어권과 적법 절차의 원칙을 침해하는 결과로 이어질 수 있다.

사법 영역에서 알고리즘을 활용하려면, 먼저 그 판단이 도움이 되는 참고 자료인지, 실질적 판단의 대체자인지를 구분해야 한다. 전자는 허용될 수 있으나, 후자는 위험하다. 사법 판단은 법률 지식 이상의 도덕성과 책임성을 요구하며, 이는 현재의 AI가 갖추지 못한 영역이다. 결국 AI는 법적 판단의 조력자일 수는 있어도, 판단 주체가 되어서는 안 된다는 원칙을 법과 제도 속에 명시적으로 정립할 필요가 있다.

채용에서 퇴출까지: AI가 정하는 경력

인공지능은 이제 노동의 흐름 전체에 개입하고 있다. 기업들은 인재 채용 과정에서 AI 기반 이력서 분석 시스템,

화상 면접 분석 알고리즘, 심리 성향 테스트 프로그램 등을 활용해 지원자의 역량을 평가하고 있다. 심지어 입사 후 성과 예측, 인사 고과, 퇴직 권고까지도 알고리즘이 관여하는 경우가 점점 늘고 있다. 이러한 자동화는 채용 과정의 효율을 높이고, '객관적인 평가'라는 인상을 주지만, 실제로는 심각한 불투명성과 차별 문제를 내포한다.

가장 큰 문제는 알고리즘이 학습하는 데이터에 기존의 편견이 반영되어 있을 가능성이다. 과거의 채용 성공 사례를 기반으로 학습한 알고리즘은, 해당 조직의 기존 인재 유형을 모방하게 된다. 만약 그 조직이 남성 중심, 특정 학교 중심, 혹은 특정 직무 경험자를 우대하는 구조였다면, AI는 이러한 편견을 정당화하고 반복한다. 이는 여성, 고령자, 경력 단절자 등 취약한 고용 집단에게 구조적인 불이익을 안겨 준다.

더구나 이 알고리즘은 지원자에게 피드백을 제공하지 않는다. 지원자는 왜 떨어졌는지, 어떤 요소가 감점 요인이었는지조차 알 수 없다. 이는 이의 제기나 차별 소송의 가능성을 원천 차단하는 구조다. 인간은 무의식적으로라도 설명의 책임을 느끼지만, AI는 책임지지 않는다. 더욱 심각한 것은, 알고리즘의 판단이 객관적이라는 인식이 퍼지면서, 기업들이 자신들의 책임을 기술에 전가

한다는 점이다.

이러한 상황은 법적 제도의 미비와도 연결된다. 현재 대한민국에서는 'AI 채용'이나 알고리즘 기반의 자동화된 선발 절차에 대해 명시적으로 정의하거나 직접적으로 규율하는 법률이 부재한 상태다. 일부 기존 법령, 예컨대 「채용절차의 공정화에 관한 법률」, 「근로기준법」, 「개인정보 보호법」 등이 특정 사안에 간접적으로 적용될 수 있으나, 알고리즘 기반 채용의 구조적 편향 가능성이나 설명 책임 문제에 특화된 규제는 마련되어 있지 않다. 특히 채용 알고리즘의 투명성과 책임성을 담보할 수 있는 감시 체계 및 인증 기준 등은 아직 입법적으로 공백 상태에 있으며, 이에 대한 제도적 보완이 필요하다.

결국 AI는 노동 시장에 공정성을 제공하기보다는, 기존 불평등을 강화하고 개인의 경력 흐름을 결정하는 기술 권력으로 기능할 수 있다. 인간은 평가받을 수 있어야 하고, 그 평가에 대해 설명 받고 항의할 수 있어야 한다. 이를 위해서는 AI 기반 채용에서 반드시 투명성, 설명 가능성, 차별 검증, 책임 귀속 체계가 전제되어야 한다. 채용은 기술이 아닌 사람에 대한 판단이므로, 마지막 결정은 여전히 인간의 몫으로 남겨져야 한다.

인간은 결정을 포기하고 있는가?

인공지능이 점점 더 많은 판단을 대신하게 되면서, 우리는 어느새 스스로 결정을 '위임'하는 삶에 익숙해지고 있다. 알고리즘은 오늘 우리가 어떤 뉴스를 읽고, 어떤 영화를 보고, 누구와 연결될지를 제안하고, 심지어 그 제안을 거절하지 않도록 설계된다. 이처럼 추천 시스템이 우리의 일상 속에 깊숙이 개입하게 되면, 인간은 점차 자율적 선택의 감각을 상실하게 되고, 판단이라는 고유한 행위를 기계에 넘기게 된다. 문제는 이것이 단순한 편의성의 문제가 아니라, 인간의 주체성과 책임 윤리의 해체로 이어질 수 있다는 점이다.

현대 사회는 정보가 너무 많고, 시간은 너무 부족하다. 그래서 사람들은 결정을 신속하게 내려 주는 도구를 반긴다. 알고리즘은 바로 이 틈을 파고든다. 그러나 인간이 '선택하지 않는' 경험을 반복할수록, 선택하는 능력은 퇴화한다. 이는 마치 자전거를 타지 않으면 균형 감각이 사라지는 것과 같다. 이러한 현상은 단지 소비의 영역에서만 나타나는 것이 아니라, 정치적 판단, 도덕적 선택, 사회적 책임의 문제까지 확장된다. 인간은 판단의 주체가 아니라, 알고리즘이 유도한 결과의 수동적 수용자가 되어 가고 있다.

더욱 우려스러운 것은, 이러한 판단 위임이 '기계가 더 정확하고, 공정하며, 중립적이다'라는 믿음 아래 정당화되고 있다는 사실이다. 그러나 알고리즘은 인간이 설계하고, 인간이 만든 데이터를 학습한다. 그 판단의 기반은 사회 구조의 편향을 반영하고 있으며, 종종 상업적 목적에 따라 왜곡되어 있다. 그럼에도 사람들은 기계의 결정을 '객관적인 진실'로 받아들이고, 자신이 그 판단에 관여할 필요가 없다고 느낀다. 따라서 기계에 대한 인간의 의존도는 지속적으로 높아질 것이다.

이러한 상황은 법과 민주주의에도 큰 영향을 미친다. 예를 들어, 국민이 공공 정책 결정에 참여하는 과정, 시민이 형평성 있는 복지 분배에 대한 의견을 제시하는 과정에서 판단은 점점 데이터 기반 알고리즘에 위탁된다. 인간은 점점 더 '판단의 부담'에서 해방되지만, 그 대가는 민주적 참여의 약화, 책임 구조의 모호화, 인간 존엄성의 희석이다. 우리는 기술을 통해 판단하지 않고, 기술에 의해 판단당하는 존재가 되고 있는 것이다.

이제 우리는 묻지 않을 수 없다. 판단하지 않는 인간은 과연 자유로운가? 판단을 위임한 인간은 결과에 책임질 수 있는가? 기술의 도움을 받는 것과 기술에 판단을 포기하는 것의 차이는 어디에 있는가? 이 질문은 단순한 기술 철학의 문제가 아니라, 오늘날 법적 책임과 사회적 윤리의 중심 질문이다. 따라서 우리는 인간의 결정권이 어떻게 약화되고 있으며, 이를 회복하기 위해 어떤 제도적 장치와 교육적 노력이 필요한지를 적극적으로 검토해야 한다.

알고리즘이 복지 수급 여부를 결정할 수 있는가?

복지 행정은 늘 '누구에게 얼마나'라는 민감한 결정을 수반한다. 정부는 제한된 재원을 가장 필요한 사람에게 배분해야 하며, 이를 위해 수많은 기준과 절차를 운용해 왔다. 최근 이러한 복지 행정에 인공지능이 도입되고 있다. 수급 신청자의 과거 납세 기록, 금융 정보, 가족 구성, 거주지, 의료 이력 등을 종합 분석해 자동으로 수급 여부를 판단하는 '복지 알고리즘'이 등장한 것이다. 그러나 이러한 자동화는 행정 효율성을 높이는 동시에, 사회적 약자의 권리를 침해할 위험도 함께 안고 있다.

먼저 가장 큰 문제는 판단 기준이 불명확하고 불투명하다는 점이다. 예컨대, 한 사람이 생계 급여 신청을 했는데, 알고리즘이 그를 '불충분한 위험군'으로 평가해 탈락시켰다면, 그 사람은 왜 탈락했는지를 알 수 없다. 심지어 공무원조차 "시스템이 그렇게 판단했다"고 말할 수 밖에 없는 구조라면, 이는 사후 구제나 이의 제기를 어렵게 만든다. 복지는 단지 계산의 문제가 아니라, 인간의 사정을 고려하는 가치 판단을 동반해야 한다. 알고리즘은 '합리성'을 기준으로 판단할 수는 있지만, '공감'이나 '예외'를 포착할 수 없다.

둘째, 알고리즘은 과거 데이터를 학습한다. 그런데 복지 대상자에 대한 과거 기록은 종종 편견과 낙인의 역사를 반영하고 있다. 예컨대, 특정 지역이나 연령대에 대한 '비효율적 수급' 데이터가 존재한다면, 그 지역의 신청자들은 알고리즘에 의해 반복적으로 탈락할 수 있다. 이것은 기술의 이름을 빌린 차별이자, 통계적 불평등의 정당화다.

셋째, 복지 수급 여부는 생존과 직결된 문제다. 민간 기업의 광고 추천 알고리즘과는 차원이 다른 공적 책임이 존재한다. 이처럼 중대한 결정을 비인간적 시스템에 위탁하는 구조는, 헌법이 보장하는 인간 존엄과 사회권의 정신에 배치된다. 우리는 행정 절차의 합리화와 함께, 반드시 '인간 개입의 여지'를 확보해야 하며, 이는 단순히 옵션이 아니라 헌법적 요구 사항이다.

결국 복지 알고리즘은 수단일 뿐이지, 목적이 되어서

는 안 된다. 기술은 효율을 보장할 수 있지만, 정의를 실현하기 위해서는 반드시 인간이 최종 책임을 져야 한다. AI는 복지 행정의 보조자일 수는 있지만, 결정자일 수는 없다. 자동화된 복지 행정은 오히려 수급자에 대한 편견을 확대하고, 행정 책임의 경계선을 흐릴 수 있다. 우리는 복지를 통해 '살릴 것인가'를 결정하는 사회에서, 반드시 인간이 그 판단의 중심에 서야 한다.

의사결정의 비인간화가 낳는 소외

기술은 본래 인간을 돕기 위해 발전해 왔다. 그러나 최근의 인공지능 기술은 인간을 돕는 것을 넘어, 인간을 대신해 '결정'하는 수준에 이르렀다. 이제 우리는 뉴스 피드를 무엇으로 구성할지, 대출 여부를 어떻게 판단할지, 형량은 어느 정도가 적절할지를 기계에 묻는다. 이러한 구조는 단지 편리함을 넘어선다. 의사결정의 비인간화는 점차 인간을 기술로부터 소외시키는 결과를 낳고 있다.

비인간적 결정이 위험한 이유는, 그것이 관계의 단절을 전제로 한다는 점에 있다. 인간이 내린 결정에는 설명과 사과, 공감과 반성이 가능하다. 그러나 알고리즘의 결정에는 설명이 없다. 피해자는 시스템을 원망할 수는 있지만, 대화하거나 설득할 대상이 존재하지 않는다. 이는 절차적 정의가 작동하지 않는 상태이며, 인간이 공동체로부터 배제되는 구조를 만들어 낸다.

또한 비인간적 판단은 '실수'에 대한 자각이 없다. 인간은 실수했음을 인정하고 수정할 수 있지만, 알고리즘은 그렇게 설계되지 않는다. 오히려 반복 학습을 통해 '패턴'을 강화할 뿐이다. 이런 구조 속에서 피해자는 끊임없이 반복되는 오류에 노출되고, 무명의 기술 권력 앞에서 소외감을 경험한다.

이러한 소외는 단지 감정적 문제만이 아니다. 사회적 신뢰, 공동체의 응집력, 민주적 거버넌스의 기반이 기술에 의해 침식되는 현상이다. 인간이 빠진 결정은 신뢰받을 수 없고, 기술이 중심이 된 사회는 책임도, 연대도, 회복도 어려운 사회가 될 수 있다.

따라서 우리는 기술이 인간의 삶을 구성하는 방식에 대해 다시 질문해야 한다. 효율성이라는 이름 아래, 인간이 기술에 의해 판단당하고 배제되는 구조는 정당화될 수 없다. 우리는 '결정의 인간성'을 회복해야 하며, 이를 위해 기술의 투명성과 책임성을 법과 제도를 통해 요구해야 한다. 기술은 인간을 대신해 결정하는 것이 아니라, 인간의 결정을 보조하는 도구로 존재해야 한다. 이 원칙이 지켜질 때에만 기술은 인간을 소외시키지 않고 공존의 기반이 될 수 있다.

04
추천 알고리즘의 확증 편향 강화

추천 알고리즘은 사용자의 취향과 관심을 분석해 '가장 좋아할 만한 콘텐츠'를 제공한다. 이 기술은 검색의 번거로움을 줄이고, 정보 접근을 더욱 효율적으로 만들어 주는 유용한 도구처럼 보인다. 하지만 우리는 점차 이러한 시스템 속에서 '너에게 맞춘 정보'만을 접하는 구조에 익숙해지고 있으며, 이는 동시에 '더 좁은 세계'에 갇히는 현상을 만들어 낸다.

청각장애인과 AI?

너에게 맞춘 정보, 그러나 더 좁은 세계

추천 알고리즘은 사용자의 취향과 관심을 분석해 '가장 좋아할 만한 콘텐츠'를 제공한다. 이 기술은 검색의 번거로움을 줄이고, 정보 접근을 더욱 효율적으로 만들어 주는 유용한 도구처럼 보인다. 하지만 우리는 점차 이러한 시스템 속에서 '너에게 맞춘 정보'만을 접하는 구조에 익숙해지고 있으며, 이는 동시에 '더 좁은 세계'에 갇히는 현상을 만들어 낸다.

현대의 알고리즘은 클릭, 시청 시간, 좋아요, 공유, 스크롤 속도 등 다양한 신호를 분석해 개인화된 정보 피드를 구성한다. 문제는 이러한 피드가 반복적으로 유사한 콘텐츠를 제공하면서, 사용자의 세계를 점차 협소하게 만든다는 점이다. 정치적 관점, 문화적 취향, 사회적 이슈에 대한 노출이 제한되면, 사람은 자연스럽게 자신이 이미 동의하는 정보만을 접하게 된다. 이것이 바로 확증편향(Confirmation bias)이 기술에 의해 강화되는 구조다.

인간은 원래부터 자신의 믿음을 뒷받침해 주는 정보를 선호하는 경향이 있다. 알고리즘은 이 심리적 경향을 그대로 반영하고 증폭한다. 예를 들어, 특정 정치 성향의 뉴스나 영상을 자주 클릭하면, 알고리즘은 유사한 콘텐츠를 계속 추천한다. 이때 다른 관점을 접할 기회는 줄어들고, 사고의 유연성과 정보의 균형성은 급격히 약화된다. 이는 사회 전체로 확장될 때, 소통의 단절, 이해의 부족, 극단화된 집단 형성으로 이어질 수 있다.

또한 추천 알고리즘은 '사람이 선택하지 않은 것'을 알고리즘이 대신 선택하는 구조다. 이것은 사용자에게 더 많은 콘텐츠를 보여 주는 것이 아니라, 사실상 보여줄 콘텐츠를 제한하는 기술이다. 사용자는 자신이 다양한 정보 중에서 선택하고 있다고 믿지만, 실제로는 알고리즘이 필터링한 세계 안에서만 활동하고 있는 셈이다.

더 심각한 문제는 사용자가 이러한 편향 구조를 자각하기 어렵다는 점이다. 알고리즘은 점점 정교해져서, 사용자가 무엇을 좋아할지를 상당히 정확하게 예측한다. 사용자는 자신이 '스스로 선택한 것'처럼 느끼지만, 실제로는 기술이 설계한 경로를 따라가고 있다. 이는 결국 인간의 인지 주권(Cognitive sovereignty)을 위협하는 상황이다.

결국 개인화된 정보는 편리함이라는 외피 속에서 사고의 다양성과 시야의 확장을 가로막고 있다. 우리는 '나에게 맞춘 정보' 속에서 점점 더 익숙하고 편안한 것만을 받아들이며, 낯설고 도전적인 정보에는 무감각해진다.

이는 지적 성숙과 민주적 판단을 위협하는 구조이며, 개인과 사회의 정보 생태계 모두에 부정적인 영향을 준다.

따라서 우리는 편리함만을 기준으로 정보 접근 구조를 설계할 것이 아니라, 다양성과 개방성, 우연성의 요소를 어떻게 기술적으로 회복할 것인가를 함께 고민해야 한다. 기술은 맞춤형 서비스를 제공할 수 있지만, 그 속에서 인간이 스스로 사유하고 선택할 수 있는 여지를 확보하는 것, 그것이 진정한 디지털 주권의 출발점이 되어야 한다.

'좋아요'가 만든 울타리: 알고리즘 버블

소셜 미디어 플랫폼은 사용자 참여를 유도하기 위해 '좋아요', '팔로우', '조회 수' 등의 행위 데이터를 중심으로 추천 알고리즘을 설계한다. 이때 알고리즘은 사용자 반응이 높은 콘텐츠를 반복적으로 노출하면서, 점점 더 유사한 정보군으로 사용자 경험을 최적화한다. 문제는 이러한 최적화가 결과적으로 사용자를 자신의 울타리 속에 가두는 구조, 즉 '알고리즘 버블'을 형성하게 된다는 점이다.

알고리즘 버블이란 사용자가 끊임없이 자신이 선호하는 콘텐츠만을 접하게 되면서, 이질적 정보나 다른 관점을 접할 기회가 줄어드는 정보의 폐쇄 공간을 말한다. 이는 단순히 취향의 문제를 넘어 사회적 상호 이해와 민주적 토론의 기반이 약화된다는 심각한 결과로 이어진다.

'좋아요'는 인간의 본능적 보상 체계를 자극한다. 알고리즘은 이를 인지하고, 사용자가 만족할 만한 콘텐츠를 지속적으로 공급하는 방향으로 최적화된다. 이러한 반복은 사용자의 선택권을 확대시키는 것이 아니라, 오히려 기술이 설정한 반복 루틴 속에 갇히게 만든다. 이로 인해 사용자는 더 이상 스스로 다양한 콘텐츠를 탐색하지 않고, 알고리즘이 만들어 놓은 경로 안에서만 정보를 소비하게 된다.

이러한 정보의 반복 구조는 개인의 인식 세계를 고착화시키고, 비판적 사고의 기회를 감소시킨다. '필터 버블' 안에서는 다른 의견이 낯설거나 공격적으로 느껴지기 쉽고, 이는 사회적 양극화와 혐오 정서의 확산으로 이어진다. 실제로 유튜브나 페이스북, 인스타그램에서 특정 이념, 종교, 라이프스타일을 중심으로 한 콘텐츠 소비가 극단화되는 현상은 다수의 연구 결과로도 입증되고 있다.

더 나아가 이 알고리즘 버블은 사회적 상상력의 위축을 초래한다. 사람들은 자신과 비슷한 사람들, 익숙한 관점, 같은 계층의 콘텐츠만을 반복적으로 접하게 되며, 이는 사회적 타자에 대한 공감 능력을 약화시키는 구조로 이어진다. 민주 사회에서 중요한 '낯선 것과의 접촉', '다른 삶의 존재 인식'이 기술적 설계에 의해 차단되는 셈이다.

해결책은 단순히 사용자의 선택에 맡길 수 없다. 알고리즘은 스스로를 강화하는 구조이기 때문에, 의도적으로 정보 다양성을 설계에 포함시킬 필요가 있다. 예컨대 '다른 의견 보기', '이견 추천', '비선호 콘텐츠 노출' 등의 기능을 통해 필터 버블을 약화시킬 수 있으며, 이는 플랫폼의 책임이자 윤리적 의무가 되어야 한다.

유튜브, 틱톡, 인스타그램은 어떻게 극단화를 조장하는가

오늘날 정보 소비의 중심이 된 플랫폼들인 유튜브, 틱톡, 인스타그램 등은 단순한 콘텐츠 유통 도구가 아니라, 사용자의 인지 환경을 적극적으로 재구성하는 알고리즘 권력의 중심이다. 이 플랫폼들은 모두 공통적으로 '사용자의 선호에 맞춘 콘텐츠 추천'을 핵심 기능으로 삼고 있으며, 그 알고리즘은 클릭률, 시청 지속 시간, 공유 빈도 등 사용자 반응 데이터를 기반으로 작동한다. 그러나 이러한 작동 원리는 극단적 콘텐츠가 더 많은 주목을 받도록 유인하며, 결과적으로 사회 전반의 사고와 담론을 한쪽 방향으로 편향시키는 문제를 낳고 있다.

특히 유튜브의 알고리즘은 사용자의 관심을 유지하기 위해, 이전보다 더 강한 자극을 주는 콘텐츠를 연쇄적으로 추천하는 경향이 있다. 예컨대 건강 관련 영상을 시청한 사용자는 점차 '음모론적 건강법'이나 '과학을 부정하는 주장'으로 이끌릴 수 있고, 정치 관련 뉴스 영상을 본 사람은 시간이 지날수록 더욱 극단적인 정치적 주장이나 혐오성 발언을 담은 영상으로 이동할 수 있다. 이는 알고리즘이 중립적인 정보 유통 수단이 아니라, 참여를 유도하기 위해 극단을 강화하는 설계라는 점을 보여 준다.

틱톡과 인스타그램은 짧고 강렬한 콘텐츠를 반복적으로 노출시키는 구조를 통해 사용자의 인지 환경을 압도한다. 특히 틱톡은 사용자가 무엇을 '좋아했는지' 뿐만 아니라, 어떤 영상에 몇 초 이상 머물렀는지, 어떤 장면에서 화면을 넘겼는지를 분석해 콘텐츠를 구성한다. 이 과정은 사용자의 취향을 빠르게 파악하고, 비슷한 성향의 콘텐츠를 과도하게 제공함으로써, 정보의 다양성을 급격히 축소시키는 필터링 구조를 만든다.

이와 같은 플랫폼 기반 알고리즘은 극단적 주장, 감정적 반응, 충격적 서사를 가진 콘텐츠를 우선적으로 노출시키는 경향이 있으며, 이는 단지 '선택의 결과'가 아니라 '설계된 소비 구조'라는 점에서 더욱 심각하다. 사용자는 자신이 좋아한 콘텐츠를 더 많이 보는 것이 아니라, 알고리즘이 노출시키고 싶은 콘텐츠를 반복적으로 학습당하고 있는 셈이다.

더 큰 문제는 이러한 구조가 사회적 극단화로 이어진다는 점이다. 다수의 정치적 폭력 사건, 인종 혐오 캠페인, 허위 정보 확산 사례에서 유튜브와 틱톡이 결정적인 촉매 역할을 한 것으로 밝혀졌다. 이는 단순히 기술의 중립성에 대한 신화를 넘어, 정보 플랫폼이 민주적 공론장의 해체에 직접적으로 기여하고 있다는 현실을 보여 준다.

따라서 우리는 플랫폼의 알고리즘 설계를 단순한 기술 문제로 보아서는 안 된다. 유튜브나 틱톡, 인스타그램 같은 플랫폼은 사회의 여론 구조를 형성하는 실질적 권력 기관이며, 이에 따라 공공성 · 책임성 · 투명성 원칙을 따라야 한다. 극단화 유인을 차단하고, 다양한 관점을 균형 있게 노출하는 구조를 설계하지 않는 한, 이들 플랫폼은 점점 더 위험한 여론 왜곡 기제로 기능하게 될 것이다.

정보의 다양성은 왜 중요한가?

정보의 다양성은 단지 선택의 폭을 넓히는 문제를 넘어, 민주주의의 존립과 사회의 상호 이해를 가능하게 하는 근본적 조건이다. 우리는 다양한 정보에 노출될 때, 낯선 시각을 이해하고, 기존의 믿음을 검토함으로써 더 나은 판단을 내릴 수 있다. 그러나 오늘날 추천 알고리즘은 사용자의 과거 행동을 기준으로 유사한 정보만을 제공하고, 결과적으로 다양한 정보에의 접근을 구조적으로 제한하는 환경을 만든다. 일종의 필터 버블이 낌으로써 확장성 있는 정보에 대한 접근이 차단되곤 한다.

사람들은 원래부터 자기 확신을 강화하는 정보에 더 많이 반응하는 경향이 있다. 알고리즘은 이 경향을 '참고'하는 것이 아니라, 그것을 중심 논리로 채택해 선택을 반복, 고착시키는 체계를 구성한다. 그 결과, 사용자들은 점차 자신이 선호하는 범주의 정보만을 접하게 되고, 반대 견해, 중립적 사실, 또는 도전적인 시각은 필터링되어 사라진다.

이러한 정보 구조는 단순한 소비자 취향의 문제가 아니다. 공적 담론, 사회적 합의, 그리고 다원주의적 소통이 가능한 구조를 기술이, 좀 더 명확히는 플랫폼 사업자가 의도적으로 해체하고 있는 것이다. 사회 구성원이 서로 다른 정보 세계에 살게 되면 대화가 불가능해지고, 합의가 어려워지며, 사회적 신뢰도 약화된다. 민주주의는 다양한 시각의 경쟁과 공존 속에서 작동하는 체제이기 때문에 정보 다양성은 민주사회 유지의 핵심 자산이다. 민주주의의 포용과 연계는 기술에 의해 제한되는 결과를 가져온다. 결국, 민주주의 공공성과 공개성, 표현의 자유가 플랫폼 사업자의 의도적 알고리즘에 의해 훼손되는 결과를 가져오는 것은 역설이 아닐 수 없다.

또한, 다양성은 단지 정치적 관점의 문제만이 아니다. 문화, 예술, 지역, 연령, 성별, 장애 등 다양한 배경과 경험을 반영한 정보에 접근할 수 있을 때, 우리는 사회 전체에 대한 더 깊은 이해와 연대를 가질 수 있다. 그러나 알고리즘은 자본 논리와 참여 유도라는 목적 아래, 다수에게 인기 있는 콘텐츠만을 반복 노출하며 소수자나 비주류 정보의 가시성을 낮추고 있다.

결국 정보의 다양성은 기술이 만들어 줄 수 있는 것이 아니라, 사회가 기술에 요구해야 하는 가치다. 알고리즘의 기본 설계에 다양성을 우선 고려하지 않으면 우리는 점점 더 좁은 정보 세계 속에서 살게 될 것이다. 정책적으로도, 정보 플랫폼에 정보 다양성 보장을 위한 의무가 부과되어야 하며, 사용자에게는 다채로운 시각에 접근할 수 있는 권리가 법적으로 보장되어야 한다.

알고리즘과 여론 양극화: 정치적 파급

추천 알고리즘은 단지 개인의 정보 소비를 편리하게 해주는 기술이 아니다. 그것은 사회 전체의 여론 형성과 정치적 태도 결정에 직접적인 영향을 미치는 구조적 장치다. 오늘날 정치적 양극화가 심화되고 있는 배경에는 알고리즘이 만든 정보의 편향 구조가 결정적인 역할을 하고 있다. 사용자가 특정 이념에 가까운 콘텐츠를 소비할수록, 알고리즘은 더 극단적인 콘텐츠를 추천하고, 그 결과 사람들은 점점 더 확신에 차고, 타인의 의견을 수용하지 못하게 되는 구조가 만들어진다.

특히 선거 시기에는 이런 문제가 더욱 심각해진다. 유튜브, 페이스북, 트위터 등은 특정 후보나 정당을 지지하는 콘텐츠를 집중적으로 노출시킴으로써, 확증 편향적 정보 소비를 강화하고, 가짜 뉴스나 편파적 프레임의 전파를 가속화한다. 이러한 구조는 여론을 조작하기 쉬운 환경을 만들며, 정당성과 신뢰성을 훼손한 민주주의의 위기로 이어질 수 있다. 실제로 여러 국가에서 알고리즘 기반 플랫폼이 정치 선전 도구로 활용된 사례가 다수 존재하며, 이는 단순히 소셜 미디어의 부작용을 넘어, 기술 인프라 자체가 민주주의에 위협이 되고 있음을 시사한다.

정치적 양극화를 막기 위해서는 플랫폼 기업이 중립적이지 않은 알고리즘 구조를 인정하고, 공적 책임을 이행할 제도적 틀이 필요하다. 예컨대 정치적 콘텐츠의 편향도 분석, 선거 기간 중 알고리즘 기능 제한, 사용자 대상 정보출처 표시 의무화 등이 논의될 수 있다.

정치란 사회 구성원이 서로 다른 이해를 조율하는 과정이다. 그러나 알고리즘이 이 과정을 분열의 기술로 만들고 있다면, 우리는 정보의 자유보다 먼저 정보의 균형을 회복하기 위한 법적 · 윤리적 통제 장치를 마련해야 한다. 기술은 민주주의를 보조하는 수단이지 대체하는 도구가 되어서는 안 된다. 우리는 여론을 결정하는 권한이 누구에게 있는지를 끊임없이 되물어야 하며, 그 해답은 기술이 아닌 시민의 손에 있어야 한다.

05

알고리즘은 감시를 일상화한다

감시 사회 2.0은 더 이상 공포의 공간이 아니다. 오히려 지나치게 편리하고, 지나치게 익숙하며, 때로는 환영받기까지 한다. 바로 그렇기 때문에 이 시대의 감시는 더욱 위험하다. 우리는 기술이 만든 감시의 논리에 길들여지기 전에, 감시를 기술과 권력의 문제가 아니라 자유와 존엄의 문제로 다시 바라보아야 한다. 기술은 사회를 보호할 수 있지만, 자유 없는 보호는 언제든 통제로 바뀔 수 있다는 사실을 잊어서는 안 된다.

AI 콘텐츠 크리에이터?

클릭으로 드러나는 자아: 보이지 않는 추적

현대 사회에서 사람들은 매일 수십, 수백 번의 클릭을 한다. 웹사이트를 방문하고, 영상을 보고, 광고를 넘기고, 상품을 장바구니에 담는 일련의 모든 행위는 디지털 흔적으로 남는다. 이러한 흔적은 단지 개인의 취향을 보여주는 것이 아니라, 점점 더 정교한 알고리즘의 분석 대상이 된다. 문제는 이 클릭이 단순한 사용 행위가 아니라, 사용자를 감시하는 창(窓)이 되고 있다는 점이다. 우리는 자각하지 못한 채, '보이지 않는 추적' 속에 자신을 드러내고 있다.

알고리즘은 단순히 사용자가 클릭한 내용을 기억하는 수준을 넘어 그 클릭을 통해 사용자의 성향, 감정 상태, 심지어 미래 행동까지 예측하려 한다. 예를 들어, 뉴스 사이트에서 특정 정치 기사만 자주 클릭하는 사용자는 보수 또는 진보 성향으로 분류된다. 쇼핑몰에서 고가 브랜드를 자주 조회하지만 구매는 하지 않는다면 '관심은 있으나 구매 여력이 낮은' 소비자로 분류되고, 금융 플랫폼은 이를 '저신용군'으로 간주할 수 있다. 클릭은 단지 화면 위의 반응이 아니라, 자기 자신을 타자에게 해명 없이 노출시키는 행동이다.

이러한 데이터 수집은 대부분 이용자의 명시적 동의

없이 이뤄진다. 물론 형식적으로는 '쿠키 수집 동의'나 '개인정보 이용 약관'에 체크하게 되어 있지만, 이용자들은 그 의미를 충분히 이해하지 못한 채 서비스를 이용한다. 플랫폼은 이 동의를 근거로 사용자의 클릭 흐름, 페이지 체류 시간, 시선 이동 패턴 등 모든 행위를 실시간으로 수집하고, 이를 기반으로 개인 맞춤형 광고, 뉴스, 콘텐츠를 제공한다. 이것은 한편으로는 편리함을 제공하지만, 다른 한편으로는 사용자가 자신의 행동이 어떻게 해석되고 조작되는지를 모르는 비대칭 구조를 강화한다. 플랫폼에 접속하거나 이용하는 시간이나 행태는 모두 데이터로 축적된다. 아니, 그 자체가 데이터이며, 플랫폼 사업자는 그 데이터를 기반으로 관리하는 플랫폼화된 페르소나를 가지고 있다고 해도 과언이 아니다.

더 큰 문제는 이러한 추적이 점점 비가시적이고 자동화된 방식으로 작동하고 있다는 점이다. 클릭은 더 이상 '내가 무언가를 선택했다'는 의식적인 행동이 아니라, 무심코 화면을 터치한 행위조차 분석의 대상이 된다. 알고리즘은 사용자가 클릭한 것뿐 아니라 클릭하지 않은 것, 오래 본 것, 빨리 넘긴 것까지 모두 계산해 사용자 프로파일을 업데이트한다. 이는 인간의 행동을 끊임없이 '데이터화'하고, 그 데이터를 통해 인간을 예측 가능하고 통제 가능한 대상으로 전환하는 과정이다.

이러한 상황에서 우리는 감시받고 있다는 자각조차 없이 감시되는 상태, 다시 말해 '무의식적 감시' 속에 살고 있다. 과거의 감시는 감시자와 피감시자가 뚜렷했지만, 이제는 플랫폼이 일상 속에서 조용히, 지속적으로 감시를 수행하고 있다. 사용자는 이를 인지하지 못한 채, 자신에 대한 모든 정보가 시스템에 의해 수집되고 분석된다는 사실을 뒤늦게 알게 된다.

법적 측면에서도 이 문제는 해결되지 않고 있다. 「개인정보보호법」은 일정 범위의 데이터 수집을 제한하고 있지만, 클릭, 체류 시간, 반응 속도 같은 비식별 정보의 조합을 통한 간접 식별에는 효과적으로 대응하지 못하고 있다. 특히 사용자 행위의 해석이 점점 자동화되고, AI가 실시간으로 개입하는 현실에서 기존의 '정보 주체 동의' 중심 체계는 점점 무력화되고 있다.

결국, 우리는 클릭이라는 작은 행동을 통해 스스로를 기술적 감시 구조에 노출시키고 있다. 클릭은 자유로운 선택처럼 보이지만, 사실상 자기 정보를 지속적으로 제공하는 비자각적 동의 행위다. 우리는 디지털 환경에서 클릭이 단순한 소비 행위가 아니라, 감시 체계의 구성 요소가 되어 버렸다는 현실을 직시해야 한다. 정보 사회의 감시는 더 이상 강압적인 통제가 아니라, 자발적 행위 속에 녹아든 일상적 구조로 작동한다. 문제는 바로 그 익숙함 속에서 감시가 정당화되고 있다는 점이다.

알고리즘은 당신을 알고 있다: 행동 예측 시스템

"우리는 당신이 무엇을 할지, 당신보다 먼저 알고 있다." 이것은 과장이 아니다. 오늘날의 알고리즘은 단지 과거의 클릭과 구매를 분석하는 데 그치지 않고, 당신이 앞으로 무엇을 원하고, 어떤 결정을 내릴지를 예측하려 한다. 이른바 '행동 예측 알고리즘'은 인간을 패턴화된 데이터로 환원시키고, 미래의 선택 가능성까지 모델링하려는 기술이다. 문제는 이 기술이 단순히 예측에 머무르지 않고, 예측된 행동에 따라 차별화된 정보, 기회, 권리를 제공하거나 제한하는 수단으로 작동한다는 데 있다.

행동 예측 알고리즘은 사용자 활동의 모든 조각을 데이터화해 학습한다. 사용자가 언제 앱을 켰는지, 어떤 콘텐츠에 오래 머물렀는지, 주로 어떤 경로로 이동하는지, 심지어 키보드 타이핑의 속도와 패턴까지 분석 대상이 된다. 예컨대, 건강 앱은 사용자의 수면 패턴과 움직임을 통해 우울증 가능성을 예측할 수 있으며, 금융 서비스는 소비 내역과 온라인 행동을 종합해 대출 적합성을 평가한다. 이러한 시스템은 표면적으로는 편리하고 맞춤화된 서비스를 제공하지만, 실제로는 인간을 '미래의 행동 단위'로 환원시켜 평가하고 통제하는 구조를 만든다.

이러한 예측 시스템은 인간의 자율성과 선택 가능성을 침해할 수 있다. 왜냐하면, 알고리즘은 단지 "그럴 가능성이 있다"는 이유로 사람을 분류하고, 특정 경로로 유도하거나 차별하기 때문이다. 예를 들어, 온라인 쇼핑몰에서 '충동구매 성향이 높다'고 판단된 사용자는 가격 인상이나 시간 압박 광고를 더 많이 보게 될 수 있다. 반대로 '지출이 적은 고객'으로 평가된 사용자는 혜택에서 배제될 수 있다. 이런 구조 속에서 예측은 판단이 되고, 판단은 곧 결정이 된다.

더 나아가 예측 알고리즘은 사회적 판단을 자동화하는 수단이 되기도 한다. 일부 보험사는 가입자의 소셜 미디어 활동을 분석해 건강 위험도를 예측하려 시도하고 있고, 학교는 학생의 수업 참여와 시험 점수를 바탕으로 장학금이나 지원 여부를 결정한다. 이러한 구조는 명시적 차별 없이도 기계적 불평등(mechanized inequality)을 만들어 내며, 과거 데이터에 기반한 '가능성'이 현재의 '현실'이 되도록 만든다. 기술이 미래를 예측하는 동시에, 미래를 고정시키는 예언적 기능을 수행하게 되는 것이다.

문제는 이 예측 시스템이 점점 더 정교해지고 있음에도 불구하고, 법적 통제나 윤리적 기준은 매우 미비하다는 점이다. 「개인정보보호법」은 자동화된 결정에 대한 일반적 제한은 담고 있지만, 예측 분석 자체를 규제하거나, 그에 따른 불이익을 직접 금지하지는 않는다. EU의 「일반 데이터 보호 규정(GDPR, General Data Protection Regulation)」 제22조는 자동화된 결정에 대해 설명 요구권과 인간 개입을 요구할 수 있는 권리를 명시하고 있지만, 실제 집행은 제한적이다.

결국 우리는 알고리즘이 '나'를 알고 있다는 착각 속에 살고 있다. 그것은 나의 과거와 지금, 그리고 가능한 미래의 한 가지 버전을 근거로 전체 인간을 환원하는 비인간적인 행태로 이해할 수 있다. 알고리즘은 나를 정확히 이해하는 것이 아니라, 패턴에 근거해 분류하고, 그 분류에 따라 처우를 바꾸는 시스템일 뿐이다.

따라서 우리는 예측 기술의 발전을 수용하되, 그것이 판단의 기준이 되고, 불이익의 원인이 되지 않도록 강력한 법적, 사회적, 윤리적 제어 장치를 마련해야 한다. 인간은 언제든 변할 수 있고, 과거와 다른 선택을 할 수 있다는 전제 위에, 기술은 통제의 기계가 아닌 가능성의 도구가 되어야 한다. 이것이 기술과 인간 사이에 필요한 최소한의 규범적 거리다.

사생활과 데이터는 어디까지 교환 가능한가?

디지털 사회에서 사생활은 더 이상 개인의 폐쇄된 공간을 의미하지 않는다. 우리는 모바일 앱을 사용할 때마다, 검색할 때마다, 스마트 기기를 켤 때마다 데이터를 제공해야 하고, 그 대가는 무엇이어야 할까? 다시 말해, 사생활과 데이터는 어디까지 교환 가능한가?

현대 플랫폼 경제는 개인의 데이터를 중심으로 작동한다. 이 데이터는 단지 이름, 연락처 같은 식별 정보만이 아니라, 이동 경로, 구매 패턴, 클릭 흐름, 심지어 감정 상태와 예측 가능한 행동까지 포함한다. 이른바 '데이터화된 자아'가 형성되며, 기업은 이 자아를 분석해 광고 타기팅, 위험 평가, 서비스 차별화에 활용한다. 사용자는 무료로 서비스를 이용하는 대신, 자신에 관한 방대한 데이터를 넘겨주며, 점차적으로 '프라이버시의 포기'가 디지털 삶의 전제가 되어 가는 상황에 이른다.

문제는 이 교환이 결코 대등하지 않다는 데 있다. 기

업은 사용자의 데이터를 통해 막대한 이익을 창출하지만, 사용자는 자신이 무엇을 제공하고 있으며, 그 데이터가 어디서, 어떻게 사용되는지 정확히 알 수 없다. 정보 비대칭이 구조화되어 있는 것이다. 특히 '맞춤형 광고', '위치 기반 서비스'라는 말로 포장된 기능들은 실제로는 광범위한 추적과 감시를 기반으로 작동한다. 사용자는 서비스 사용을 위해 '동의'했지만, 그것은 진정한 의미의 자율적 동의가 아니다. '정보 제공 없이는 이용할 수 없다'는 사실상 강제된 조건 속에서, 프라이버시는 기꺼이 거래된 것이 아니라 점진적으로 포기당한 권리가 되었다.

또한, 사생활의 침해는 단지 개별 사용자의 문제가 아니라, 사회 전체에 영향을 미치는 공적 사안이다. 특정 집단에 속한 사람들(예: 장애인, 여성, 성소수자, 고령층)의 데이터가 대규모로 수집되고 분석되면, 그 집단은 특정한 방식으로 분류되고 대상화된다. 예컨대 보험사는 과거 데이터에 근거해 특정 계층을 '비효율 고객'으로 분류할 수 있고, 이는 향후 서비스 배제나 차별로 이어질 수 있다. 이러한 데이터 기반 판단은 비가시적인 차별 구조를 만들어 내며, 프라이버시 침해는 결국 사회적 불평등을 확대하는 기제로 작동하게 된다.

우리는 사생활을 보호하면서도 디지털 기술의 편익을 누릴 수 있는 방법은 없는지 묻지 않을 수 없다. 이는 기술적 설계뿐 아니라, 법적 · 윤리적 기준 정립을 통해 가능하다. 첫째, '동의'는 단지 절차적 형식이 아니라, 실제로 이해 가능하고 선택 가능한 방식으로 보장되어야 한다. 둘째, 데이터 사용 범위와 목적은 명확히 설정되고, 사후적으로도 통제할 수 있는 데이터 자기 결정권이 법적으로 보장되어야 한다. 셋째, 기업의 데이터 수익 구조에 대해 사용자가 일정한 이익을 분배받을 수 있는 모델, 예컨대 '데이터 배당' 혹은 '프라이버시 기금'에 대한 논의도 필요하다. 개인정보를 넘어, 인간으로부터 발생하거나 수집한 데이터에 대한 통제권이 부여되어야 한다. 물론 제3자의 이용 가능성에 대한 고려도 필요하다.

궁극적으로 중요한 것은, 사생활은 거래 가능한 '재화'가 아니라 인간 존엄과 자유의 전제 조건이라는 점이다. 우리는 데이터를 제공하면서도, 우리 자신의 권리와 자유가 보장되는 구조를 요구할 수 있어야 한다. 기술은 인간의 선택을 보조하는 수단이지, 권리를 대체하는 조건이 되어서는 안 된다. '편리함'이라는 이름으로 사생활을 지속적으로 교환하는 구조는 결국 인간의 자유를 잠식하는 길이다. 그 경계를 정하는 기준은 단 하나, 우리는 어디까지 인간으로 남고 싶은가라는 질문일 것이다.

'프라이버시'가 사라진 시대의 자기 검열

한때 '프라이버시'는 사적인 삶의 핵심 요소이자 타인의 간섭으로부터 보호받는 인간의 존엄을 상징하는 권리였다. 그렇지만 오늘날의 디지털 사회에서는 이러한 개념이 점점 더 모호해지고 있다. 이제 사람들은 자신의 일상을 소셜 미디어에 자발적으로 공개하고, 서비스 이용을 위해 자신의 취향, 위치, 습관까지 플랫폼에 제공한다. 문제는 이처럼 개인이 정보를 드러내는 방식이 자발적인 동시에 통제된 선택이라는 점이다. 우리는 감시받는다는 사실을 알고 있고, 그 속에서 끊임없이 스스로를 검열한다. 이것이 바로 프라이버시가 사라진 시대의 '자기 검열' 현상이다.

자기 검열은 외부의 강압이 아닌, 내부화된 감시의 결과다. 사용자는 SNS에 글을 쓰기 전에 "누가 볼까?", "이 말이 오해받지 않을까?", "기록으로 남으면 나중에 문제가 되지 않을까?"를 먼저 생각한다. 알고리즘은 콘텐츠의 노출과 확산을 좌우하며, 우리는 그 기준에 맞춰 말을 고르고 행동을 조율하게 된다. 다시 말해, 감시는 더 이상 외부로부터 주어지는 통제가 아니라, 스스로 내면화한 감시가 자율성을 위장한 통제 수단으로 작용하고 있는 것이다.

특히 청년 세대는 SNS상에서 이미지 관리, 정체성 연출, 팔로워 관리 등을 일상적으로 수행하며, 끊임없이 '보일 준비'를 해야 한다. 이는 사회적 수용과 디지털 명성을 유지하기 위한 일종의 생존 전략처럼 보이기도 한다. 그러나 이 과정은 개인에게 지속적인 긴장과 스트레스를 유발하며, '자신답게 살기'보다는 '기대에 부응하기' 위한 자기 연출로 변질되기도 한다. 결국 우리는 타인의 시선을 인식하는 동시에, 그 시선이 언제 어디서든 존재할 수 있다는 전제하에 자신을 스스로 통제하게 된다.

이러한 자기 검열은 디지털 프라이버시가 '침해당하는 권리'라기보다 점차 '포기되는 권리'로 전환되고 있음을 보여 준다. 사용자는 익숙한 감시 환경에 적응하고, 자율적으로 정보를 제한하고 삭제하며, 어떤 정보를 보여줄지 스스로 조절한다. 프라이버시는 보호받는 대상이 아니라 전략적으로 조율해야 할 자산이 된다. 이는 자유로운 자기표현의 공간이 감시된 공간으로 변형되는 전환점이다.

법제도는 이와 같은 자기 검열 현상에 적절히 대응하지 못하고 있다. 개인정보 보호와 관련된 법은 데이터 수

집과 활용의 절차에 집중되어 있으며, 프라이버시가 사라짐에 따라 개인이 겪는 심리적·사회적 압박, 즉 '감시 스트레스'나 '정보 노출 트라우마'에 대한 대응은 미흡하다. 또한 플랫폼 기업들은 감시 구조를 사용자 친화적 기능으로 포장하면서, 사용자 행동을 정교하게 조율하고 분석한다. 이는 사적 기업이 사람들의 표현과 행동을 구조적으로 제한하는 '디지털 규율 기제'로 작용하고 있다는 사실을 보여 준다.

따라서 우리는 프라이버시를 단지 정보 보호의 문제로만 보아서는 안 된다. 그것은 개인의 자기표현과 자율성, 실존적 자유를 가능하게 하는 전제 조건이다. 자기검열은 프라이버시가 붕괴된 결과이며, 동시에 그 붕괴가 더 깊어지는 과정이다. 이 악순환을 끊기 위해서는 감시를 감지할 수 있는 투명성, 표현을 보호하는 규범, 그리고 기술 설계에 사적 공간의 회복을 위한 철학적 원칙이 필요하다.

우리는 언제부터 자신의 일상을 두려워하기 시작했는가? 프라이버시는 사라진 것이 아니라, 스스로 숨기고, 말하지 않기로 결정한 침묵의 공간으로 변형된 것인지도 모른다. 이 조용한 자기 검열의 시대에, 다시금 자유롭게 말하고 표현할 수 있는 기술적·사회적 환경을 회복하는 것이야말로 디지털 시대의 새로운 과제다.

감시 사회 2.0: 기술 감시의 자동화와 상시화

20세기 후반, 미셸 푸코는 『감시와 처벌』을 통해 근대 사회가 '감시'를 통해 질서와 규율을 만들어 낸다고 분석했다. 그의 이론에서 감시는 주로 권력 기관에 의한 것이었고, 인간에 의한 감시 행위였다. 그러나 21세기의 감시는 인간의 눈과 귀가 아니라, 기계의 센서와 알고리즘, 데이터베이스와 네트워크를 통해 이뤄진다. 이것이 바로 '감시 사회 2.0'의 시대다. 이 시대의 감시는 자동화되었고, 상시적이며, 비가시적이다. 그리고 바로 이러한 특성이 감시의 성격을 본질적으로 변화시키고 있다. 이로써 시민들은 '감시당하고 있다'는 명확한 자각 없이도, 스스로 자신의 행동을 조정하며 '정상성'을 따르도록 유도받는다. 참고로 정상성(normality)은 단순히 평균이나 다수의 상태를 뜻하는 것이 아니다. 그것은 사회가 무엇을 옳고 바람직하다고 여길지를 정하는 규범적 기준이며, 동시에 권력이 작동하는 방식 중 하나다.

오늘날 우리는 도시를 걷는 것만으로도 셀 수 없을 정도의 CCTV, 공공 와이파이, 차량 번호 인식 장비, 얼굴 인식 시스템을 마주하게 된다. 스마트폰은 위치정보를 수시로 수집하며, 교통 카드, QR 결제, 출입 기록 시스템은 개인의 동선과 활동을 실시간으로 기록한다. 이 모든 정보는 연결되고 분석되어 사람의 움직임과 행동은 실시간으로 추적할 수 있는 상태에 놓이게 된다. 더욱이 감시의 중심에는 사람이 아닌 알고리즘이 있다. 인간은 더 이상 감시자가 아니라, 감시를 설계한 기술 구조의 일환이 되어 버렸다.

이러한 감시의 자동화는 '의심'의 존재 여부와 무관하게 이뤄진다. 과거에는 특정한 목적이 있을 때 감시가 시작되었지만, 이제는 모든 시민이 잠재적 감시의 대상이 된다. 공항, 기차역, 금융 기관, 아파트 단지에 이르기까지, '안전'과 '효율'이라는 이름 아래 감시 시스템은 상시 가동된다. 감시의 논리가 의심 중심에서 예방 중심으로 이동하면서, 감시는 사건 발생 이후의 반응이 아니라, 사건 발생 이전의 '가능성'에 대한 통제로 기능한다.

문제는 이러한 감시가 '불편함 없는 감시', '눈에 띄지 않는 감시'로 정당화된다는 점이다. 사람들은 공공 안전, 교통 효율, 맞춤형 서비스라는 편익을 대가로, 감시를 자연스럽게 수용한다. 그러나 이는 감시가 '안보'나 '편리함'이라는 가치 속에서 일상화되고, 정당화되며, 내면화되고 있다는 것을 의미한다. 이처럼 기술 기반의 감시는 자유의 침해를 자각하지 못한 채 삶의 모든 영역에 스며든다.

감시 사회 2.0은 또한 '통합된 감시'의 가능성을 높인다. 다양한 기관과 기업이 보유한 정보가 하나의 플랫폼에 통합되고, 이를 분석하는 인공지능 시스템은 개인의 성향, 신용, 건강, 정치적 성향까지 추정한다. 이는 단순한 정보 추적을 넘어 인간의 삶을 설계하고 규율하는 데이터 권력으로 작동한다. 예컨대, 보험 회사가 헬스케어 앱과 연동된 정보를 바탕으로 보험료를 책정하고, 정부가 개인의 이동 데이터를 감염병 통제나 정책 판단에 활용하는 사례는 이미 현실이 되었다.

이러한 변화에 맞춰 우리는 감시의 법적 · 윤리적 기준을 다시 정립할 필요가 있다. 첫째, 모든 감시는 목적 명확성과 비례성을 원칙으로 해야 한다. 기술이 가능하다는 이유만으로 실행되는 감시는 정당하지 않다. 둘째, 감시를 수행하는 주체는 책임 가능성과 통제 가능성을 갖춰야 한다. 감시가 자동화되었더라도, 그 결과에 대한 책임은 인간 사회가 져야 한다. 셋째, 시민이 자신의 정보가 어떻게 수집되고 활용되는지 알고, 통제할 수 있는 설명 가능성과 참여 가능성이 제도적으로 보장되어야 한다.

감시 사회 2.0은 더 이상 공포의 공간이 아니다. 오히려 지나치게 편리하고, 지나치게 익숙하며, 때로는 환영받기까지 한다. 바로 그렇기 때문에 이 시대의 감시는 더욱 위험하다. 우리는 기술이 만든 감시의 논리에 길들여지기 전에, 감시를 기술과 권력의 문제가 아니라 자유와 존엄의 문제로 다시 바라보아야 한다. 기술은 사회를 보호할 수 있지만, 자유 없는 보호는 언제든 통제로 바뀔 수 있다는 사실을 잊어서는 안 된다.

06
알고리즘 차별의 현실

알고리즘은 중립적인 기술이 아니라, 그에 입력된 데이터에 따라 특정 집단에게 불리하게 작동할 수 있는 구조적 편향의 산물이다. 문제는 이러한 편향이 기술 설계자의 의도와 무관하게 작동하며, 사용자는 그 차별을 인지하기도, 입증하기도 어렵다는 점이다.

AI와 민주주의?

데이터는 누구에게 불리하게 작동하는가?

알고리즘은 본래 중립적이고 객관적인 도구로 인식된다. 인간의 편견을 제거하고, 효율적이고 일관된 판단을 내릴 수 있는 기술로 여겨져 왔다. 그러나 현실은 이와 다르다. 알고리즘은 중립적인 기술이 아니라, 그에 입력된 데이터에 따라 특정 집단에게 불리하게 작동할 수 있는 구조적 편향의 산물이다. 문제는 이러한 편향이 기술 설계자의 의도와 무관하게 작동하며, 사용자는 그 차별을 인지하기도, 입증하기도 어렵다는 점이다.

알고리즘은 과거의 데이터를 학습해 미래를 예측한다. 그러나 과거의 데이터는 이미 사회적 불평등과 편견을 반영하고 있다. 예를 들어, 특정 인종, 성별, 지역에 대한 편견이 담긴 고용 이력, 범죄 통계, 소비 패턴, 의료 기록 등이 그대로 알고리즘에 반영되면, 차별은 단지 반복되는 것이 아니라 자동화되고 정당화된 형태로 재생산된다. 이는 기술이 불평등을 '객관적 예측'이라는 명분으로 확대 재생산하는 구조다.

대표적인 예로 미국 뉴욕에서 운영된 '패스트 푸드 채용 AI 시스템(Fast Food Hiring AI System)'은 과거 채용 데이터에 기반해 특정 인종이나 저소득층 지원자들을 부정적으로 평가했다. 과거 고용 기록이 편향되어 있었기 때문이다. 이처럼 알고리즘은 과거의 차별을 '예측 모델'로 재구성해 미래에도 동일한 결과를 반복하게 만든다. 참고로, '패스트 푸드 채용 AI 시스템'이란 주로 맥도날드, 버거킹, 스타벅스 같은 대규모 프랜차이즈나 소매 · 서비스 업체에서 활용하는 인공지능 기반 채용 자동화 시스템을 의미한다. 이 시스템은 고용 규모가 크고, 인력 수요 변동이 잦으며, 반복적인 업무 중심인 산업군에서 인사 비용을 절감하고 효율을 높이기 위해 도입되고 있다.

데이터 편향은 수집 과정에서 이미 시작된다. 예를 들어 여성, 장애인, 소수 인종은 디지털 공간에서 '대표 샘플'로 충분히 반영되지 못하는 경우가 많다. 이로 인해 알고리즘은 특정 그룹에 대한 정보가 부족하거나 왜곡된 상태에서 판단을 내리게 되고, 이는 정확도의 문제가 아니라 구조적 배제의 문제로 이어진다. 즉, '보이지 않음'은 '존재하지 않음'으로 해석되는 것이다.

이러한 문제는 단순히 데이터 품질의 문제가 아니라, 데이터의 정치성을 인식하지 못한 기술 설계의 결과다. 데이터는 사회 구조를 반영하며, 따라서 데이터 기반 판단도 정치적 결정을 포함할 수밖에 없다. 그러나 알고리즘은 이를 '수학적 모델'이라는 이름으로 은폐한다. 사용자에게는 결과만 제공되고, 판단의 근거와 맥락은 설명되지 않는다.

따라서 알고리즘 편향 문제를 해결하기 위해서는 데이터 수집에서부터 분석, 적용에 이르기까지 전 과정에서 대표성과 형평성에 대한 점검이 필요하다. 단순히 더 많은 데이터를 수집하는 것이 아니라, 누구의 데이터가 어떻게 수집되고, 어떤 판단에 어떻게 쓰이는지를 끊임없이 질문해야 한다. 기술의 중립성은 환상이며, 데이터는 결코 무색무취하지 않다. 기술이 공정하려면, 데이터부터 공정해야 한다.

흑인 얼굴은 인식하지 못하는 AI: 사례로 본 인종 차별

얼굴 인식 기술은 출입 통제, 범죄 수사, 사진 분류 등 다양한 분야에 활용되고 있지만, 그 정확도는 사용자의 피부색에 따라 현저히 달라진다. 특히 흑인이나 유색 인종에 대한 인식 오류가 빈번하게 발생하고 있으며, 이는 단순한 기술적 미비가 아니라 인종 차별적 구조가 알고리즘에 내재되어 있다는 증거다.

2018년 MIT의 조이 불람위니(Joy Buolamwini)와 마이크로소프트의 팀닛 게브루(Timnit Gebru)가 공동 발표한 논문 "성별 구분: 상업적 성별 분류의 정확성의 불균형(Gender Shades: Intersectional Accuracy Disparities in Commercial Gender Classification)"은 '알고리즘 편향(Algorithmic Bias)'에 관해 자주 언급되는 논문이다. 이 논문은 IBM, 마이크로소프트, 아마존이 개발한 얼굴 인식 시스템이 백인 남성의 얼굴을 99% 이상 정확히 인식하는 반면, 흑인 여성에 대해서는 65% 이하의 정확도를 보였다는 충격적인 결과를 보여 주었다. 이는 학습 데이터에 백인 남성의 얼굴이 과도하게 많았고, 흑인의 얼굴은 충분히 반영되지 않았기 때문이다. 즉, 기술은 데이터에 따라 편향되며, 그 편향은 특정 인종에게 구조적인 불이익과 위험을 안긴다.

이러한 인식 오류는 단순히 정확도의 문제가 아니다. 흑인 남성들이 범죄자로 오인되어 부당 체포되거나, 얼굴 인식 출입 시스템에서 반복적으로 거부당하는 사례는 현실에서 다수 보고되고 있다. 감시는 공평하지 않으며, 기술이 작동하지 않는 것은 곧 차별이 작동하는 것이다.

문제는 이러한 오류가 '사고'로 취급되며, 피해자가 입증 책임을 져야 하는 구조다. 기업은 '개선 중'이라는 말을 반복하지만, 그 과정에서 발생한 피해는 온전히 사용자 개인이 감수해야 한다. 기술이 인종적 불평등을 자동화한다면, 이는 기존 차별보다 더 은밀하고 반복적인 위험이 된다.

얼굴 인식 기술에 대한 규제는 전 세계적으로 논의되고 있지만, 그 중심에는 정확도 향상이라는 기술적 해결책에 대한 집착이 존재한다. 그러나 문제는 단순히 '더 잘 인식하자'가 아니다. 질문은 '왜 특정 집단이 항상 소외되었는가', '어떤 데이터가 중요하다고 여겨졌는가'에 있다. 이는 기술 설계자, 개발자, 정책 결정자 모두가 인종 감수성과 대표성에 대한 정치적 감각을 가져야 한다는 요구로 이어진다.

기술은 중립이 아니다. 기술은 언제나 사회적 구조와 문화적 편견을 반영한다. 따라서 얼굴 인식 기술의 인종차별 문제는 단순한 소프트웨어 오류가 아니라, 차별을 반복하고 확대하는 알고리즘 권력의 작동 방식임을 직시해야 한다.

여성은 채용되지 않는다: 성차별 알고리즘

인공지능 채용 시스템은 '객관적' 평가를 내세우며 인간 면접관의 편견을 극복할 수 있는 도구로 기대를 모았다. 그러나 실제 현실은 그 반대였다. 2018년 아마존이 도입한 AI 채용 시스템은 수년간 남성 중심의 채용 데이터를 학습하면서, 여성 지원자에 대해 일관되게 불리한 평가를 내리는 결과를 낳았다. 예컨대 이 시스템은 이력서에 '여성 대학(women's college)'이나 '여성 소프트볼 리그' 등 여성성을 암시하는 단어가 포함될 경우, 평가 점수를 낮게 부여했다. 이 사건은 AI가 기존의 성차별 구조를 그대로 학습하고 자동화된 차별을 수행할 수 있다는 현실을 명백히 드러낸 사례였다.

이 문제의 핵심은 '알고리즘이 편견을 배우는 방식'에 있다. 과거 채용 데이터가 성차별적인 요소를 내포하고 있다면, 알고리즘은 그 패턴을 '성공 기준'으로 학습하게 된다. 예컨대 과거에 남성 엔지니어가 다수 채용된 사실은, 알고리즘에 의해 '남성 지원자일수록 적합하다'는 추론으로 전환된다. 이는 기존의 불평등 구조가 기계의 판단을 통해 '합리적'으로 포장되는 위험을 낳는다.

더욱 심각한 문제는 이러한 차별이 자동화된 결정이라는 이유로 투명성 없이 이뤄진다는 점이다. 지원자는 왜 탈락했는지, 어떤 요소가 평가에 영향을 미쳤는지를 알 수 없다. 기업은 알고리즘의 판단을 근거로 책임을 회피하고, 그 과정에서 여성은 시스템적으로 불리한 처우를 받는다. 이것이 바로 성차별 알고리즘의 구조적 문제다. 인간 면접관의 편견은 교육과 제도로 교정할 수 있지만, 알고리즘의 편견은 코드와 데이터 속에 은밀하게 숨어 있으며, 그 영향력은 더 광범위하고 반복적이다.

성차별 알고리즘 문제를 해결하기 위해서는 채용 알고리즘의 데이터 구성, 모델 설계, 결과 해석에 대한 전면적인 점검이 필요하다. 특히 훈련 데이터에 대한 성별 대표성 확보, 알고리즘의 결과에 대한 설명 가능성 확보, 차별 발생 시 책임 귀속 체계의 정비가 핵심 과제다. 이와 함께, 여성과 성소수자 집단의 경험을 반영할 수 있는 다양성 기반 알고리즘 개발과 감수성 중심의 설계 철학이 요구된다.

AI는 단지 성차별을 반영하는 것이 아니라, 성차별을 '객관화된 정보'로 재생산하고 있다. 이러한 구조를 방치할 경우, 기술은 사회를 공정하게 만들기는커녕, 기존 차별을 더욱 정교하고 은폐된 방식으로 강화하는 도구가 될 것이다. 우리는 기술의 진보에 앞서, 공정성과 정의에 대한 사회적 기준이 먼저 선행되어야 한다는 원칙을 다시 확인해야 한다.

알고리즘 차별을 입증하려면 무엇이 필요한가?

알고리즘 차별의 가장 큰 문제 중 하나는 피해자가 피해 사실을 인지하기도 어렵고, 설령 인지하더라도 입증이 거의 불가능하다는 구조적 문제에 있다. 알고리즘은 블랙박스처럼 설계되어 있어 그 판단 기준과 작동 방식이 공개되지 않으며, 특히 기업은 '영업비밀'이라는 명목으로 내부 알고리즘을 외부에 공개하지 않는다. 이로 인해 알고리즘에 의한 차별은 감지되지 않거나, 침묵 속에 묻혀 버리는 경우가 많다.

실제로 성별이나 인종에 따라 불이익을 받은 사용자가 '왜 내가 탈락했는지' 혹은 '왜 내게는 다른 결과가 나왔는지'를 질문하더라도, 기업은 "알고리즘이 그렇게 판단했다"는 식의 불가해한 답변만을 제공한다. 피해자가 알고리즘의 작동 원리를 알 수 없다는 점에서, 입증 책임은 철저히 피해자에게 전가되고, 차별의 법적 대응은 어려워진다.

알고리즘 차별을 입증하기 위해서는 우선 데이터에 대한 접근권과 알고리즘의 투명성 확보가 필수적이다. 알고리즘의 판단에 영향을 준 요소들, 예컨대 어떤 데이터세트가 사용되었는지, 어떤 기준으로 가중치가 부여되었는지, 어떤 결과값이 기준을 넘었는지가 공개되어야 한다. 하지만 현재 대부분의 기업과 기관은 이를 외부와 공유하지 않으며, 피해자나 시민 단체가 독립적으로 알고리즘의 차별 여부를 검토하기도 어렵다.

또한 알고리즘이 차별을 의도적으로 한 것이 아니라 '우연히' 발생했더라도, 그 결과가 특정 집단에 체계적으로 불리하게 작용한다면 법적 차별로 간주해야 한다. 이른바 '간접 차별(indirect discrimination)' 개념이 알고리즘 영역에도 적용될 필요가 있다. 이것은 차별의 '의도'가 아니라, 차별의 '결과'에 주목하는 접근으로, 기술 구조의 책임을 회피할 수 없게 만드는 중요한 원칙이다.

입증을 위해서는 통계적 비교와 결과의 불균형을 보여 주는 데이터 분석이 유용할 수 있다. 예를 들어, 성별에 따른 채용 합격률, 인종에 따른 인식 정확도 차이 등을 비교함으로써 통계적 유의미성을 입증하는 방식이다. 그러나 이를 위해서는 알고리즘 접근권뿐 아니라, 공공적 감시 체계, 알고리즘 감사(audit) 시스템, 공정성 평가 도구 등 제도적 장치가 병행되어야 한다.

결국, 알고리즘 차별의 입증은 단지 피해자의 몫이 되어서는 안 된다. 그것은 사회 전체의 감시 능력과 법적 책임 체계, 기술 투명성 기준이 함께 작동할 때에만 가능하다. 차별은 느껴지지만 보이지 않는 구조로 존재한다. 이를 입증 가능하게 만들기 위해, 우리는 기술에 대한 윤리적 감시뿐 아니라, 법과 제도의 역할을 더욱 적극적으로 요구해야 한다.

기술적 차별에 대한 법적 대응은 가능한가?

알고리즘 차별이 기술적 구조 속에서 발생하고 있음이 점차 분명해지고 있음에도 불구하고, 이를 법적으로 규율하기 위한 틀은 아직 미비하다. 「개인정보보호법」은 인간의 행위에 의한 차별을 전제로 하고 있으며, 알고리즘에 의한 자동화된 판단이나 비의도적 차별에는 적절히 대응하지 못하는 한계를 드러내고 있다.

가장 큰 문제는 책임 귀속 구조의 모호성이다. 인간이 아닌 알고리즘이 판단을 내렸다면, 누가 그 결과에 대한 책임을 져야 하는가? 개발자인가, 운영자인가, 데이터 제공자인가, 아니면 시스템 사용자인가? 이 물음은 단지 기술적 이슈가 아니라 법적 책임의 기준을 어디에 둘 것인가에 대한 근본적 재설정을 요구한다.

또한, 차별을 입증하기 위한 정보 접근권이 제한되어 있는 점도 법적 대응을 어렵게 만든다. 알고리즘이 '왜 그런 판단을 내렸는지'를 설명할 수 없다면, 피해자는 정당한 소송을 제기하기도 어렵고, 법원은 공정한 판단을 내리기 어렵다. 이 문제를 해결하기 위해서는 '설명권(right to explanation)'과 '자동화된 결정에 대한 이의 제기권'이 법적으로 보장되어야 한다. EU의 「일반 데이터 보호 규정」 제22조는 이를 명문화한 대표적인 규정이지만, 개인정보에 한정된다. 「개인정보보호법」도 마찬가지다. 따라서 개인정보 제공에 따른 차별이 아닌 일반적인 AI를 이용하는 과정에서 나타날 수 있는 차별 등에 대응할 수 있도록 「AI 기본법」이나 언젠가는 제정될 「차별금지법」에 금지하는 행위 유형으로 규정될 필요가 있다. 이처럼, '디지털 차별' 또는 '알고리즘 차별'을 명시적으로 다루는 입법이 필요하다. 예컨대, 공공 기관 및 대기업의 알고리즘 시스템에 대해 정기적 공정성 감사, 차별 영향 평가, 알고리즘 윤리 심의 기구를 도입하도록 의무화할 수 있다. 이것은 단지 규제 목적이 아니라, 알고리즘 신뢰성과 사회적 책임을 동시에 확보하기 위한 기반이 된다.

법은 기술보다 느리게 반응하지만, 바로 그렇기 때문에 선제적이고 원칙 중심의 접근이 필요하다. 기술적 차별에 대한 법적 대응은 기술을 억제하는 것이 아니라, 기술이 사회적 정의와 공존할 수 있도록 설계 방향을 제어

하는 기능이다. 차별 없는 기술은 스스로 생기지 않는다. 그것은 사회가 법과 제도를 통해 '무엇을 용인하지 않을 것인가'를 명확히 선언할 때에만 실현된다. 법은 인간을 보호하기 위한 것이며, 이제는 기술을 통해 인간이 차별받지 않도록 법이 기술을 통제하는 시대가 요구되고 있다.

07
알고리즘 책임의 사각지대

알고리즘 시대의 법적 책임은 단순한 과거 법리의 확장이 아니라, 새로운 법 윤리적 기준의 정립을 요구한다. 기술은 중립적이지 않고, 책임은 자동화될 수 없다. 우리는 알고리즘이 내린 판단의 무게를 법이 어떻게 다룰 것인지에 대해 더 깊은 고민과 제도적 대응을 시작해야 한다. 법 앞의 인간뿐 아니라, 이제는 법 앞의 알고리즘도 함께 서야 할 시간이다.

AI와 애니메이션?

“우리는 플랫폼일 뿐”이라는 면책 구조

디지털 플랫폼의 영향력이 사회 전반에 걸쳐 확장되면서, 알고리즘도 개인의 삶에 중대한 영향을 미치고 있다. 유튜브의 추천 시스템은 어떤 콘텐츠가 확산될지를 결정하고, 네이버의 검색 알고리즘은 여론의 흐름에 영향을 주며, 배달 앱의 정렬 방식은 소상공인의 생계에 직접적인 영향을 준다. 이처럼 알고리즘은 점점 더 사회의 결정 구조를 대체하고 있음에도 불구하고, 플랫폼 기업들은 자신들의 책임을 회피하기 위해 한 가지 문장을 반복한다. 바로 “우리는 플랫폼일 뿐”이라는 면책 논리다.

플랫폼 기업이 주장하는 핵심은 “우리는 중립적인 기술을 제공할 뿐, 그 기술이 작동해 발생한 결과에 대한 책임은 없다”는 입장이다. 콘텐츠 추천 알고리즘이 혐오 발언이나 허위 정보를 확산시켜도, 특정 이용자에게 불이익을 안기더라도, 이는 사용자의 선택이거나 기술의 자동적 결과일 뿐이라는 주장이다. 그러나 이 논리는 근본적으로 문제를 회피하는 구조다. 왜냐하면 플랫폼은 기술을 설계하고, 수익 구조를 조정하며, 알고리즘의 영향을 정교하게 조절할 수 있는 실질적인 권한과 통제력을 갖고 있기 때문이다.

문제는 이러한 면책 논리가 법제도의 미비와 결합되

어 실질적인 책임 공백을 초래한다는 점이다. 현행 법제는 대부분 전통적인 매체나 인간 행위를 전제로 설계되어 있어, 자동화된 결정이나 알고리즘 기반 플랫폼의 행위에 대해 구체적인 책임 기준을 제시하지 못한다. 예를 들어 플랫폼이 부정확한 추천이나 불합리한 정렬 알고리즘을 통해 특정 사업자에게 경제적 손실을 입혔더라도, 해당 기업은 "알고리즘이 그렇게 판단했을 뿐"이라는 설명으로 책임을 회피할 수 있다.

이러한 면책 구조는 공적 책임과 사적 이익의 불균형으로 이어진다. 플랫폼은 알고리즘의 작동으로 막대한 이익을 얻지만, 그 결과로 발생한 피해에 대해서는 아무런 책임도 지지 않는다. 이는 곧 수익은 사유화되고, 위험은 사회화되는 구조를 형성하며, 특히 정보 약자나 경제적 취약 계층은 시스템적 불이익을 감수해야 하는 구조에 놓이게 된다.

더 나아가 '우리는 플랫폼일 뿐'이라는 문장은 단지 법적 방어 논리가 아니라, 윤리적 책임 회피의 서사로도 작동한다. 기업은 기술이 중립적이며, 자사의 역할은 정보 중개에 불과하다고 강조하면서, 알고리즘의 설계 의도와 사회적 영향에 대한 성찰을 회피한다. 그러나 알고리즘은 사람이 설계하고, 사람이 목표를 설정하며, 사람이 수익을 위한 조정을 행하는 기술이다. 그 결과에 대해 인간이 책임지지 않는다면, 기술은 사회적 통제를 벗어난 권력으로 기능하게 된다.

따라서 우리는 플랫폼이 '기술 제공자'라는 명목 아래 모든 결과로부터 자유로울 수 없다는 점을 분명히 해야 한다. 기술의 영향력이 커질수록, 그 기술을 설계 · 운영 · 배포하는 주체의 책임 역시 명확히 규정되어야 한다. 유럽연합의 「디지털서비스법(DSA, Digital Service Act)」은 플랫폼의 투명성과 책임을 요구하는 흐름의 대표적인 입법 사례로, 알고리즘 결정 구조의 공개, 피해자 구제 절차, 독립적인 감사 체계를 포함하고 있다.

결국 '우리는 플랫폼일 뿐'이라는 주장은 시대착오적이다. 현대의 플랫폼은 단순한 중개자를 넘어, 의도와 판단을 내리는 실질적 결정자이며, 따라서 기술의 결과에 대해 책임지는 디지털 공공성의 주체로 거듭나야 한다. 책임 없는 권력은 언제나 사회적 위험을 낳는다. 우리는 이제 플랫폼이 '면책'을 주장하는 대신, '책임'을 실천하도록 법과 사회가 요구해야 할 때다.

책임의 분산: 개발자, 운영자, 사용자의 경계

알고리즘이 사회적 결정과 판단에 실질적인 영향을 미

치게 되면서 그에 따른 법적 책임 문제도 점차 복잡해지고 있다. 특히 문제가 되는 것은 알고리즘 시스템의 구조가 다수의 행위자에 의해 설계되고 운영되며, 다단계로 기능한다는 점이다. 소프트웨어 개발자, 알고리즘 설계자, 데이터 관리자, 플랫폼 운영자, 서비스 제공자, 심지어 사용자까지 그 책임 주체는 복수이며, 각 주체의 역할은 불분명하게 얽혀 있다. 이로 인해 책임은 분산되고, 결국 어느 누구도 명확하게 책임을 지지 않는 상태가 발생하게 된다.

예컨대 자동화된 채용 알고리즘이 특정 집단에 대한 차별을 일으켰을 경우, 과연 누가 그 결과에 대한 법적·윤리적 책임을 져야 하는가? 데이터를 수집한 사람인가? 알고리즘을 설계한 개발자인가? 이를 운용한 기업인가? 아니면 서비스를 이용한 관리자나 HR 담당자인가? 이처럼 기술이 복잡해질수록 책임의 사슬은 길어지고, 그 끝은 흐려진다.

기술 개발자는 자신이 만든 알고리즘이 현실에 어떻게 적용되는지 전적으로 알지 못한다고 말한다. 알고리즘은 일종의 '도구'에 불과하며, 그것을 어떻게 활용하는지는 운영자나 사용자의 몫이라는 것이다. 반면 운영자는 알고리즘이 '자율적으로 학습하고 판단한 결과'를 신뢰했을 뿐이며, 특정 결과를 의도하지 않았다고 주장한다. 사용자 역시 시스템을 그대로 따랐을 뿐이라고 말한다. 결과적으로 책임은 '자율 시스템'이라는 이름 아래 모두에게서 조금씩 멀어지고, 아무도 책임지지 않는 상태로 귀결된다.

이러한 책임의 분산 구조는 법적 대응을 어렵게 만들 뿐만 아니라, 알고리즘 거버넌스의 실효성을 약화시킨다. 문제가 발생했을 때 원인을 추적하고, 책임 소재를 명확히 하며, 개선을 요구할 수 있어야 기술은 사회적으로 정당화될 수 있다. 그러나 현재의 구조는 누구도 전체 시스템을 통제하지 않고, 누구도 결과에 대해 전면적으로 응답하지 않으며, 피해자는 구제를 받기 어려운 상황에 놓인다.

법제도적으로는 '책임의 집중'이 아니라, '책임의 연쇄 구조'를 제도화하는 방향이 필요하다. 즉, 하나의 시스템에서 발생하는 오류나 차별에 대해 설계자-운영자-사용자 간의 연대 책임 체계를 규정하는 것이다. 이는 「제조물 책임법」의 '결함 책임' 구조와 유사한 방식으로, 각 주체가 자신의 역할에 맞는 주의 의무를 이행했는지를 기준으로 판단할 수 있다.

또한 '사전 책임 구조'도 함께 고려되어야 한다. 이는 문제가 발생했을 때 책임을 따지는 것뿐만 아니라, 시스템을 설계하는 단계에서부터 차별, 편향, 오류의 발생 가능성을 미리 예방하도록 설계 의무를 부과하는 것이다. 최근 제정된 EU의 「AI 법」에서는 고위험 알고리즘에 대해 사전 평가, 위험 감축 조치, 투명성 의무를 부과하는 방향으로 입법이 추진되고 있다.

기술의 발전은 불가피하지만, 책임 없는 기술은 위험한 기술이다. 우리는 이제 알고리즘 시스템이 '누구에 의해', '어떻게 작동하며', '무슨 결과를 낳았는지'를 투명하게 설명할 수 있는 구조를 갖추지 않으면 사회적 신뢰를 얻을 수 없다는 점을 분명히 해야 한다. 그리고 이 신뢰는 책임의 분산이 아니라, 책임의 명확화와 공동 책임 구조를 통해서만 실현될 수 있다.

피해자는 누구에게 항의할 수 있는가?

알고리즘이 개인의 권익에 영향을 미치는 결정에 관여하는 시대가 되면서, 알고리즘으로 인해 불이익을 받은 사람들, 즉 피해자는 누구에게, 어떤 방식으로 항의할 수 있는가라는 질문이 제기되고 있다. 인공지능 채용 시스템에서 탈락한 지원자, 신용 평가 알고리즘에 의해 대출이 거절된 소비자, 콘텐츠 필터링 알고리즘에 의해 자신의 게시물이 삭제된 창작자 등은 모두 디지털 판단의 피해자가 될 수 있다. 이들은 그 판단이 왜 내려졌는지, 누구의 책임인지조차 알 수 없는 정보 비대칭의 구조 속에 고립되어 있다.

기존의 법 제도는 인간 행위에 기반한 결정에 대해 이의 제기, 항의, 행정 소송 등의 수단을 열어두고 있다. 알고리즘 결정은 그 '주체'가 불분명하고, 결정 과정이 자동화되어 있어 항의의 방향과 대상이 모호하다. 플랫폼은 "시스템의 자동 판단"이라는 이유로 책임을 회피하고, 정부는 "민간 기업의 자율 영역"이라며 개입을 꺼린다. 피해자는 어디에도 자신의 억울함을 설명할 창구를 찾지 못한 채, 비인간적인 구조 속에서 침묵을 강요받는다.

더욱 심각한 문제는, 피해자가 자신이 피해를 입었는지도 인지하지 못하는 경우가 많다는 점이다. 알고리즘은 불이익을 명시적으로 통보하지 않고, 단순히 다른 사람보다 낮은 점수나 낮은 노출을 주는 방식으로 작동한다. 예컨대 SNS 게시 글이 추천되지 않거나, 검색 결과에서 노출 순위가 낮아지는 일은 이용자에게는 단순한 '운'처럼 보일 수 있다. 그러나 그 배경에 편향된 학습 데이터나 차별적 알고리즘이 작동하고 있다면, 이는 분명히 침묵 속의 차별이자, 설명 없는 통제다.

따라서 알고리즘 결정의 피해자는 항의 이전에, 자신이 피해를 입었다는 사실을 인식하고, 그 원인을 파악할 수 있는 정보 접근권이 필요하다. 이는 '설명의 권리'(right to explanation)로 불리며, 자동화된 결정이 중요한 영향을 미칠 경우 그 근거와 기준을 요구할 수 있는 권리를 의미한다. 유럽의 「일반 데이터 보호 규정」 제22조는 이러한 권리를 법적으로 명시하고 있으나, 실제 운영은 아직 제한적이며, 대부분의 플랫폼은 이러한 설명 요구에 응답하지 않는다.

또한, 항의의 실효성을 보장하기 위해서는 공적 중재자 또는 감시 기관의 개입이 제도화되어야 한다. 기업 내부에 불복 절차나 이의 제기 절차를 두는 것만으로는 부족하며, 공공적 독립 기구가 알고리즘 판단의 정당성을 심사하고, 필요시 구제 명령이나 개선 권고를 내릴 수 있어야 한다. 이를 위해서는 알고리즘 평가권, 데이터 감사권, 피해자 조사권 등이 보장된 '디지털 권리 옴부즈만' 혹은 'AI 중재 위원회' 같은 제도가 필요하다.

피해자가 항의할 수 있으려면, 기술과 제도는 사람의 언어로 소통할 수 있는 구조를 갖춰야 한다. 알고리즘이 아무리 복잡하더라도, 그 판단이 인간에게 영향을 미친다면, 그 결정은 인간의 언어로 설명될 수 있어야 하며, 이의 제기와 반론이 가능해야 한다. 이는 기술에 대한 부담이 아니라, 책임 있는 기술이 갖춰야 할 최소한의 조건이다.

결국 알고리즘의 피해자는 실체가 없다거나, 항의할 자격이 없는 존재가 아니다. 문제는 시스템이 그 존재를 보이지 않게 만들고, 침묵하게 만드는 방식에 있다. 우리는 이제 "누가 피해를 입었는가?"라는 질문뿐 아니라 "그는 어디에 항의할 수 있었는가?"라는 질문을 함께 던져야 한다. 이 질문에 대한 답은 기술의 책임을 사회가 어떻게 설계하느냐에 달려 있다.

알고리즘 판단의 오류에 대한 구제 방안

알고리즘이 사람을 평가하고, 분류하고, 결정하는 시대가 되었다. 채용, 대출, 복지, 법률, 교육, 광고 등 거의 모든 분야에서 알고리즘의 판단은 인간의 삶에 실질적인 영향을 미친다. 하지만 그 판단이 항상 옳은 것은 아니다. 잘못된 데이터, 편향된 모델, 비정상적인 입력값, 시스템 결함 등에 의해 알고리즘은 얼마든지 오류를 범할 수 있으며, 그로 인해 개인이 피해를 입을 가능성도 높아지고 있다. 이처럼 알고리즘 오류에 따른 피해가 현실화된 상황에서, 우리는 어떻게 피해자를 구제하고, 어떻게 오류에 대응할 것인가를 본격적으로 논의해야 한다.

첫 번째 구제 원칙은 '오류의 인지 가능성'이다. 피해자가 자신의 권리를 행사하기 위해서는, 먼저 자신이 알고리즘의 오류로 인해 피해를 입었음을 인지할 수 있어야 한다. 그러나 대부분의 알고리즘은 불투명한 판단 과정을 가지고 있어, 결과가 어떻게 도출되었는지를 설명하지 않으며, 피해자는 자신의 불이익이 단순한 결과인지, 오류인지조차 구분하기 어렵다. 따라서 알고리즘 구제를 위한 전제 조건은 결과에 대한 설명 가능성과 투명성이다. 알고리즘이 사용되었고, 그 판단에 어떤 요소가 작용했는지에 대한 최소한의 정보를 피해자나 소비자에게 제공해야 한다.

두 번째 원칙은 '이의 제기 절차의 보장'이다. 인간의 판단이 아닌 시스템의 판단일지라도, 그 결과에 대해 사람이 다시 검토할 수 있는 절차가 보장되어야 한다. 유럽연합의 「일반 데이터 보호 규정」 제22조는 자동화된 결정에 대해 설명을 요구하고, 인간의 개입을 요청할 수 있는 권리를 인정하고 있다. 이 권리는 단순히 이론적 선언이 아니라, 실질적으로 행정 절차나 사법 절차에 연결될 수 있어야 하며, 플랫폼이나 기관은 이러한 이의 제기를 공식적으로 처리할 의무를 가져야 한다.

세 번째 구제 방안은 '집단적 대응의 제도화'다. 알고리즘 판단은 종종 개별 피해자에게는 입증이 어렵거나 손해가 미미하게 보일 수 있으나, 누적될 경우 집단적 차별이나 구조적 불이익으로 확장된다. 따라서 알고리즘 오류로 인해 유사한 피해를 입은 사람들을 대상으로 한 집단 소송(class action)이나 공익 단체에 의한 제3자 소송 제도가 필요하다. 이는 개별 사용자의 부담을 덜고, 시스템 전체의 책임을 묻는 방식으로 기능할 수 있다.

네 번째로는, '독립적인 감사와 감독 체계'의 구축이다. 오류는 사후적으로 대응하기보다 사전적으로 예방하는 것이 훨씬 효과적이다. 이를 위해 알고리즘 시스템의 설계와 운영 전반에 대해 독립적인 감사 기관 또는 공적 위원회가 접근해 정기적으로 위험성을 평가하고, 오류 가능성을 점검하며, 사회적 감시 기능을 수행할 수 있어야 한다. 이러한 기구는 기술 전문성과 사회 감수성을 동시에 갖춘 조직으로, 알고리즘의 공정성과 안전성을 통제하는 중심축이 되어야 한다.

마지막으로는 '피해자 회복 중심의 구제 방식'이다. 알고리즘 오류로 인해 입은 피해가 단순히 금전적 손실이 아니라, 정체성 손상, 기회 박탈, 사회적 낙인 등 복합적 형태로 나타날 수 있다는 점을 감안할 필요가 있다. 단순한 배상금 지급을 넘어 복지 기회 회복, 정정 공고, 대체 절차 제공, 사과 등 정의 회복적인(reparative) 접근이 필요하다.

결국, 알고리즘은 오류 없는 기술이 아니다. 오히려 잘못 학습되고, 왜곡될 가능성이 내재된 시스템이다. 문제는 오류 자체가 아니라, 오류에 대한 구제 시스템이 마련되어 있느냐에 달려 있다. 기술의 신뢰는 완벽성에서 오는 것이 아니라, 문제가 발생했을 때 책임 있게 대응하는 구조가 마련되어 있는가에서 비롯된다. 기술은 인간에 의해 개발된다는 점에서 인간의 한계가 내재할 수밖에 없기 때문이다. 따라서 알고리즘 사회에서 진정한 정의란 잘못된 판단을 다시 되돌릴 수 있는 능력을 의미한다. 무엇보다 AI 기술의 오남용에 따른 잘못을 고백할 수 있는 용기다.

법 앞의 알고리즘: 민사책임과 형사책임의 경계

알고리즘이 인간을 대신해 판단하고 결정하는 시대에 법은 그 판단의 결과에 대해 누가 어떤 책임을 져야 하는가를 묻지 않을 수 없다. 알고리즘에 의해 잘못된 대출 심사가 이뤄지거나, 불공정한 채용이 발생하거나, 허위 정보가 추천되어 사회적 혼란이 발생했다면, 그 결과에 대해 법적으로 책임을 물을 수 있는가? 만약 책임을 묻는다면, 어떤 법적 기준으로, 누구에게, 어떤 방식으로 책임이 귀속되는가? 특히 그 책임이 민사적 손해배상의 영역에 그칠 것인지, 아니면 형사책임의 영역까지 확장될 수 있는지가 새로운 쟁점으로 떠오르고 있다.

민사책임의 영역에서는 알고리즘에 의한 피해에 대해 어느 정도 대응이 가능하다. 예컨대 채용 알고리즘이 특정 성별이나 인종을 일관되게 탈락시켰다면, 이는 불법행위(「민법」 제750조)에 해당할 수 있으며, 사용자 또는 플랫폼 운영자가 손해배상 책임을 질 수 있다. 다만, 문제는 이 과정에서 입증 책임이 피해자에게 과도하게 부과되며, 알고리즘의 작동 방식이 블랙박스 구조로 되어 있기 때문에 인과관계와 위법성을 밝히는 데 어려움이 따른다. 결국, 민사적 책임조차 현실적으로 행사하기 어려운 책임이 되는 경우가 많다.

더욱 복잡한 문제는 형사책임의 가능성이다. 알고리즘이 중대한 오류를 범해 타인의 생명이나 신체, 명예에 해를 끼쳤다면, 그것이 고의나 중대한 과실에 해당하는지를 판단해 형법상의 책임이 물어질 수 있다. 그러나 형법은 본질적으로 인간의 의사결정과 고의를 전제로 하고 있기 때문에, 비인간적인 시스템의 판단에 대해 직접 형사책임을 묻는 데에는 한계가 있다. 알고리즘 자체에는 형벌을 부과할 수 없으며, 그렇다고 개발자나 운영자를 무조건 형사 처벌하는 것도 과도한 결과를 낳을 수 있다.

예컨대 추천 알고리즘이 극단주의 콘텐츠를 반복 노출시켜 사용자에게 행동을 유도했고, 그 결과 사회적 해악이 발생했을 경우, 해당 플랫폼에 형사책임을 물을 수 있는가? 이 질문은 기술 설계자와 경영진이 알고리즘의 위험성을 충분히 예견하고도 방치했다면 업무상 과실죄 또는 과실에 의한 중대 피해 야기 등의 책임을 물을 수 있는 가능성을 열어 준다. 그러나 이 역시 명확한 입법 없이 판단하기 어렵고, 책임 귀속 기준이 애매하다면 실질적 면책을 초래할 수 있다.

이런 점에서 향후 법제도는 민사책임과 형사책임 모두에 대해 알고리즘 관련 특수성을 반영한 새로운 규범 정립이 필요하다. 첫째, 고위험 알고리즘 시스템에 대해서는 개발·운영 단계에서 사전 예방 조치를 다하지 않은 경우, 과실 추정 규정을 도입해 책임을 쉽게 인정할 수 있도록 해야 한다. 둘째, 반복적으로 구조적 편향이나 피해가 보고된 시스템을 방치한 경우에는 경영진이나 관리자에게 형사적 책임을 부과할 수 있는 구조도 검토할 수 있다. 이는 과실범의 확장 개념이자, 관리 의무에 대한 책임화다.

또한, 형사책임의 핵심은 억제력(deterrence)에 있다. 알고리즘은 실수할 수 있지만, 그 실수를 방치하거나 반복하지 않도록 하는 것은 전적으로 인간의 책임이다. 법은 기술의 실패를 처벌하는 것이 아니라, 위험을 인식하고도 책임을 방기한 인간의 태도를 규제하는 방식으로 진화해야 한다.

결론적으로, 알고리즘 시대의 법적 책임은 단순한 과거 법리의 확장이 아니라, 새로운 법 윤리적 기준의 정립을 요구한다. 기술은 중립적이지 않고, 책임은 자동화될 수 없다. 우리는 알고리즘이 내린 판단의 무게를 법이 어떻게 다룰 것인지에 대해 더 깊은 고민과 제도적 대응을 시작해야 한다. 법 앞의 인간뿐 아니라, 이제는 법 앞의 알고리즘도 함께 서야 할 시간이다.

08
AI 윤리와 투명성의 제도화 과제

채용이나 대출, 콘텐츠 추천 같은 영역에서 알고리즘이 내리는 판단은 개인의 삶에 직결된 결과를 초래한다. 따라서 이러한 판단이 과연 공정한지, 차별을 내포하고 있지는 않은지 묻는 일은 단지 기술적 문제를 넘어 윤리적 · 사회적 정당성의 문제로 전환된다.

AI와 인재 채용?

알고리즘에도 윤리가 필요한가

알고리즘은 흔히 규칙의 집합으로 이해된다. 데이터라는 재료를 받아 정해진 논리에 따라 결과를 산출하는 알고리즘의 작동은 일견 중립적이고 기술적인 절차로 보인다. 그러나 오늘날 알고리즘은 단순히 계산하는 도구를 넘어 인간을 평가하고 결정하는 기능을 수행하고 있으며, 사회 전반에 걸쳐 실질적인 영향력을 행사하고 있다. 예컨대 채용이나 대출, 콘텐츠 추천 같은 영역에서 알고리즘이 내리는 판단은 개인의 삶에 직결된 결과를 초래한다. 따라서 이러한 판단이 과연 공정한지, 차별을 내포하고 있지는 않은지 묻는 일은 단지 기술적 문제를 넘어 윤리적 · 사회적 정당성의 문제로 전환된다.

특히 알고리즘은 일반적으로 그 결정의 이유를 설명하지 않으며, 블랙박스 구조 속에서 불투명하게 작동한다. 이는 책임 회피의 가능성을 높이고, 피해자가 권리를 행사할 수 있는 기반을 약화시킨다. 기술은 효율성을 추구할 수 있지만, 사회는 정당성을 요구하며, 바로 이 정당성 확보를 위해 윤리적 통제가 필요하다. 물론 알고리즘 자체는 윤리적 판단을 내릴 수 없으며, 윤리는 기계를 넘어 인간 사회 속에서 체화된 가치 체계다. 따라서 알고리즘 윤리란 알고리즘을 설계하고 운영하는 인간과 그 기술이 작동하는 환경의 제도화를 의미한다.

국제 사회도 이러한 문제의식을 바탕으로 기술 윤리의 제도화를 추진 중이다. 유네스코는 2021년 「AI 윤리에 관한 권고」를 통해 인공지능 기술이 인권, 평등, 다양성, 지속 가능성 원칙을 따라야 한다고 선언했으며, OECD와 EU는 각각 윤리 원칙과 법적 규제안을 통해 이를 구체화하고 있다. 반면 기술 발전을 제약한다는 이유로 알고리즘 윤리를 부정하는 견해도 존재하지만, 신뢰 없는 기술은 사회로부터 외면당할 수 있다. 결국 알고리즘에 윤리가 필요한가라는 질문은, 기술이 누구에게 어떤 영향을 주는지를 묻는 것이며, 윤리는 기술이 사회와 공존하기 위한 조건이다.

알고리즘 감사제도: 기술에 대한 공공의 감시

알고리즘은 종종 중립적이고 객관적인 존재로 인식되지만, 실제로는 설계자의 가치관, 학습 데이터의 편향, 운영자의 개입 등이 복합적으로 작용하는 사회적 산물이다. 이로 인해 다양한 편향과 차별이 알고리즘을 통해 재생산되고 있음에도 불구하고, 대부분의 알고리즘은 그 구조와 작동 방식이 외부에 드러나지 않는 블랙박스 형태를 유지하고 있다. 이러한 상황에서 기술 권력을 어떻게 통제할 것인가에 대한 해답 중 하나가 바로 '알고리즘 감사제'다.

알고리즘 감사는 독립된 제3자가 알고리즘의 설계, 데이터, 결과 등을 분석해 공정성과 편향 여부를 점검하는 절차를 의미한다. 이는 단순한 기술 점검을 넘어 기술에 대한 민주적 통제이자, 시민이 기술로부터 영향을 받는 만큼 그 기술을 감시할 수 있는 권리를 보장하는 제도다. 특히 의료, 금융, 교육 등 고위험 분야의 알고리즘에 대해 감사제를 의무화하면 기술의 신뢰성과 정당성을 확보하는 데 크게 기여할 수 있다.

해외에서는 뉴욕 시가 2021년부터 채용 알고리즘에 대한 편향 감사를 실시하도록 조례를 제정했고, EU 「AI법」은 고위험 AI 시스템에 대해 사전 위험 평가 및 투명성 검토를 법제화했다. 우리도 「AI 기본법」에 AI 영향 평가 제도를 도입하고 있다. 알고리즘 감사가 실효성을 가지기 위해서는 감사 대상과 범위의 명확화, 감사 주체의 독립성과 전문성 보장, 그리고 결과의 공개가 전제되어야 한다. 기업의 영업비밀이라는 이유로 감사를 거부하는 관행은 공공성과 신뢰 확보를 방해하는 요소이며, 사회는 기술에 대한 외부 감시를 통해 기술의 정당성을 보장해야 한다. 결국 알고리즘 감사는 기술 권력을 사회적 책임의 틀 안에 위치시키기 위한 민주주의의 도구다.

공정성, 투명성, 책임성: AI 윤리의 3대 원칙

AI 기술이 공공 영역과 고위험 분야에까지 활용되면서, 기술의 윤리적 통제가 사회 전반의 중요한 과제로 부상하고 있다. 이에 따라 공정성, 투명성, 책임성이라는 세 가지 원칙은 AI 시스템의 설계와 운영 전반에 적용되어야 할 핵심 기준으로 자리 잡고 있다.

공정성이란 AI 시스템이 사회적 편견이나 차별을 학습하고 재현하지 않도록 보장하는 것을 의미한다. 이를 위해서는 데이터 수집 단계에서 대표성과 균형을 확보하고, 알고리즘의 결과가 특정 집단에 불리하게 작용하는지 여부를 지속적으로 분석·조정해야 한다.

투명성은 알고리즘의 작동 방식과 판단 근거를 설명 가능하게 만드는 원칙이다. 설명 가능한 인공지능(XAI) 기술의 개발과 함께, 설명 요구권의 제도화, 그리고 일반 사용자가 이해할 수 있는 수준의 사회적 설명 가능성 확보가 요구된다. 기술의 정당성은 곧 설명 가능성 위에서만 실현될 수 있다.

책임성은 AI 시스템이 잘못된 판단이나 피해를 초래했을 때, 그에 대해 누가 어떤 방식으로 응답할 것인지를 규정한다. 이는 기술 설계자와 운영자, 사용자 간의 책임 구조 정립과 함께, 피해자 구제를 위한 실질적 절차와 독립적 감시 기구의 확보를 의미한다. 결국 이 세 가지 원칙은 기술이 사회와 조화를 이루기 위한 최소한의 조건이며, 제도화된 윤리 기준이 되어야 한다.

자율규제 vs 법적 규제, 무엇이 효과적인가?

AI 윤리를 실현하기 위한 규제 방식은 자율 규제와 법적 규제의 두 가지 접근으로 나뉜다. 자율 규제는 기업이 자체적으로 윤리 원칙을 수립하고 이행하는 방식이며, 유연성과 신속성, 기술 전문성이라는 장점을 갖는다. 실제로 구글, 마이크로소프트 등 주요 기술 기업은 자체 윤리 기준을 운영하며, 자발적인 윤리 문화 확산을 도모하고 있다.

그러나 자율 규제는 집행력과 책임성 측면에서 한계가 명확하다. 기업의 이익과 윤리 기준이 충돌할 경우, 윤리는 선택적으로 해석되거나 무력화되기 쉽다. 반면 법적 규제는 명확한 기준과 강제력을 통해 기업의 책임을 제도적으로 규율할 수 있으며, 피해자 구제와 권리 보호의 실질적 기반을 제공한다. 특히 고위험 AI 시스템에 대해서는 법적 규제가 필수적이라는 점에서, 유럽의 「일반 데이터 보호 규정」이나 「AI 법」은 대표적인 강제 규율의 사례다.

현실적으로는 자율과 공공 규제를 병행하는 절충적 접근이 필요하다. 고위험 분야에는 강력한 법적 규제가 적용되되, 일반 영역에는 자율 규제를 장려하고, 국가 또는 독립 기구가 이를 감시하는 체계가 바람직하다. 산업별 기술 윤리 인증제, 시민 참여 윤리 위원회 등 협치형 거버넌스를 통해 기술 발전과 공공 통제 간의 균형을 모색해야 한다. AI 기본 사회 위원회 같은 공적 기구의 설립을 통해 진행하는 것도 의미가 있다.

알고리즘 설명 요구권의 제도화 방안

AI가 개인의 삶에 중대한 결정을 내리는 시대, 우리는 그 판단이 왜 그렇게 이뤄졌는지를 설명 받을 권리를 가져야 한다. 이러한 '설명 요구권'은 인간의 존엄과 자율성을 지키는 최소한의 권리이자, 디지털 시대의 새로운 기본권으로 부상하고 있다. 특히 채용, 금융, 복지, 교육 등에서 알고리즘에 의해 탈락하거나 불이익을 당한 개인은 그 사유를 설명 받지 못한다면, 이의 제기나 법적 구제를 시도할 수 없다.

유럽의 「일반 데이터 보호 규정」 제22조는 자동화된

결정에 대해 인간의 개입을 요청하거나 설명을 요구할 수 있는 권리를 제시하고 있으며, 이를 확장해 국내에서도 설명 요구권을 「개인정보보호법」 또는 「AI 기본법」 등으로 명문화할 필요가 있다. 나아가 설명 기준은 일정 수준 이상으로 표준화되어야 하며, 기술적 설명뿐 아니라 일반인이 이해할 수 있는 수준의 사회적 설명 가능성 확보가 중요하다.

설명 요구권은 알고리즘 감사제와 연계될 때 더욱 효과적이다. 감사 기관이 개입해 신뢰 가능한 설명을 보장하고, 설명이 미흡할 경우 이의 제기나 재심을 요청할 수 있는 불복 절차도 함께 마련되어야 한다. 궁극적으로 설명할 수 없는 기술은 통제할 수 없으며, 설명 요구권의 제도화는 기술에 대한 사회적 통제를 가능하게 하는 첫걸음이다. 이는 단지 기술의 오류를 고치는 권리가 아니라, 기술이 인간의 권리를 침해하지 않도록 예방하는 권리이기도 하다.

09
정치적 조작과 알고리즘 권력

선거의 성립은 정보 접근의 자유, 판단의 독립성, 선택의 자율성이라는 조건 위에서 가능하다. 오늘날의 유권자는 정보를 직접 수집하기보다는 알고리즘이 필터링한 포털, 뉴스, 소셜 미디어의 결과에 의존한다. 이러한 환경에서 우리는 새로운 질문을 마주하게 된다. 선거는 알고리즘을 통해 조작될 수 있는가?

AI와 기자?

선거는 알고리즘으로 조작될 수 있는가?

현대 민주주의는 선거라는 제도를 통해 실현된다. 그러나 선거의 성립은 정보 접근의 자유, 판단의 독립성, 선택의 자율성이라는 조건 위에서 가능하다. 오늘날의 유권자는 정보를 직접 수집하기보다는 알고리즘이 필터링한 포털, 뉴스, 소셜 미디어의 결과에 의존한다. 이러한 환경에서 우리는 새로운 질문을 마주하게 된다. 선거는 알고리즘을 통해 조작될 수 있는가?

전통적인 선거 조작은 개표 결과 변조나 투표권 침해와 같은 물리적 개입이었다. 그러나 알고리즘 기반의 디지털 사회에서는 조작의 방식이 훨씬 더 정교하고 은밀하다. 알고리즘은 유권자가 접하는 정보의 노출 빈도, 순서, 강조 정도를 조정함으로써 특정 정치 세력에게 유리한 환경을 조성할 수 있다. 특히 소셜 미디어의 알고리즘은 유권자의 확증 편향을 강화하고, 반대 의견의 노출을 차단하는 구조를 갖추고 있다. 이로 인해 유권자는 점점 더 자신이 믿는 입장을 확신하게 되고, 다른 관점에 대한 접근은 어려워진다.

'페이스북-케임브리지 애널리티카 정보 유출 사건(Facebook-Cambridge Analytica Data Breach)'은 이러한 알고리즘 조작의 실질적 위험성을 보여 준 대표적 사례다. 정치 성향을 예측한 후, 심리적 약점을 겨냥한 맞춤형 광고가 유권자의 판단을 교묘히 유도한 이 사건은 기술이 민주주의에 미치는 영향이 단순한 도구적 차원을 넘어서고 있음을 입증했다.

이러한 조작은 현행 「공직선거법」의 규제 범위를 벗어나고, 기술적으로 추적이 어렵다. 따라서 선거와 관련된 알고리즘은 선거 기간 동안 감시와 검증을 받아야 하며, 뉴스 추천이나 정치 광고의 배치와 관련해 투명성과 중립성의 기준이 적용되어야 한다. 궁극적으로 플랫폼은 정보 유통 기업을 넘어 민주주의 절차에 영향력을 행사하는 실질적 권력으로 인식되어야 하며, 이에 상응하는 공적 책임을 지는 구조로 전환되어야 한다.

알고리즘이 만들어 낸 가짜 뉴스의 생태계

오늘날 가짜 뉴스는 단순한 개인의 악의적 행동이 아니라, 알고리즘 기반 플랫폼 구조와 결합된 체계적인 문제로 확산되고 있다. 유튜브, 페이스북, 엑스(구 트위터) 등 주요 플랫폼은 사용자 참여와 반응을 기반으로 콘텐츠를 추천하는 알고리즘을 운용하며, 이러한 구조는 정보의 진실 여부보다 클릭률, 반응 수, 체류 시간 등을 중심으로 콘텐츠 노출 순위를 결정짓는다.

2018년 MIT 미디어 연구소(Media Lab)의 세 연구원(Soroush Vosoughi , Deb Roy, Sinan Aral)이 ≪Science≫(2018.3.9, 359호, pp.1146-1151)에 발표한 논문 "온라인상의 진짜 뉴스와 거짓 뉴스의 확산(The spread of true and false news online)"에 따르면, 거짓 뉴스는 진실된 뉴스보다 6배 더 빠르게, 더 넓은 범위로 확산되며, 특히 정치적 허위 정보가 가장 빠른 전파력을 보인다고 분석되었다. 연구는 2006년부터 2017년까지 12만6천 건의 트윗 데이터를 분석해 이 같은 결론을 도출했으며, 이는 알고리즘보다는 사용자의 심리적 반응, 예를 들면 놀람, 혐오 등 감정 반응에 기인한 것으로 해석된다. 즉, 사람들은 충격적이고 새로운 정보에 더 반응하며, 이러한 반응이 알고리즘에 의해 다시 증폭되는 구조가 작동하고 있다는 것이다.

이러한 생태계는 생성형 AI의 도입 이후 더 복잡해지고 있다. AI는 기존 텍스트나 이미지의 가공을 통해 허위 정보 생성에 활용될 수 있으며, 잘못된 사실을 포함한 콘텐츠가 무분별하게 생성되고 플랫폼을 통해 확산되면, 기존 알고리즘의 노출 구조와 결합되어 사실과 허구의 경계가 모호해질 수 있다. 이른바 "AI가 만든 가짜 뉴스를 또 다른 AI가 확산시키는" 순환 고리가 현실화되고 있는 것이다.

이러한 현상에 대응하기 위해서는 정책적 · 기술적 개입이 필요하다. 우선, 허위 정보의 확산 가능성을 줄이기 위해 알고리즘 설계 단계에서 신뢰성 지표를 고려한 콘텐츠 우선순위 조정이 필요하며, 생성형 콘텐츠에 대해 자동 출처 표기 및 사실 검증 단계의 의무화가 검토되어야 한다. 플랫폼 기업은 기술적 중립성을 주장하기보다, 정보 확산의 실질적 조정자로서 책임과 역할을 분명히 해야 한다. 특히 생성형 AI 콘텐츠가 포함된 게시물에 대해 식별 표식을 부착하고, 허위 정보의 원 출처를 추적할 수 있는 체계를 마련하는 것은 공공 신뢰 회복의 출발점이 될 수 있다.

여론 조작과 SNS 플랫폼의 책임

디지털 시대의 여론은 SNS, 유튜브, 포털 등 플랫폼을 통해 실시간으로 형성된다. 이러한 플랫폼은 전통적인 언론보다 더 넓은 영향력을 행사하며, 특정한 콘텐츠를 강조하거나 배제하는 알고리즘은 여론의 방향을 좌우할 수 있는 실질적인 권력을 행사하고 있다.

오늘날 여론 조작은 콘텐츠 생산 주체보다 콘텐츠 노출 구조가 더 중요해진 상황을 반영한다. 알고리즘은 클릭률, 체류 시간, 감정 반응을 기준으로 정보를 배치하며, 이는 복잡한 사실보다 선동적인 메시지가 더 자주 선택되게 만든다. 이로 인해 선거, 갈등 이슈 등에 의도적인 댓글 조작, 봇 활동, 계정 조작 등이 결합되어 여론이 왜곡될 수 있다.

플랫폼은 오랫동안 '중립적 기술 제공자'로 자신들을 정의해 왔지만, 실제로는 여론의 흐름을 실질적으로 통제하는 구조를 갖추고 있으며, 이에 상응하는 사회적 책임과 법적 책임을 져야 한다. 조작 행위에 대한 실시간 차단, 알고리즘의 투명성 확보, 공익 콘텐츠에 대한 우선 노출 설계, 그리고 플랫폼의 '편집 책임'을 법적으로 명문화하는 것이 필요한 조치다. 결국, 여론 조작을 방치한 알고리즘은 기술의 실패이자 윤리의 실패이며, 민주주의에 구조적인 위협이 된다.

알고리즘 권력은 민주주의와 공존할 수 있는가?

알고리즘은 정보를 분배하고 인식을 조율하는 메커니즘으로, 이미 현대 사회에서 강력한 권력으로 기능하고 있다. 그러나 이러한 권력은 중립적이지 않으며, 그 작동 기준은 대부분 불투명하고 비가시적이다. 민주주의는 정보의 평등한 접근과 자유로운 표현을 전제로 하지만, 알고리즘은 필터 버블과 정보 편향을 조장하고 공론장의 기반을 약화시키는 방식으로 작동할 수 있다.

더욱이 알고리즘은 선거, 정책 결정, 여론 형성 같은 정치적 영역에서 '제4의 권력'으로 기능하고 있으며, 플랫폼 기업은 이러한 정보를 선별 · 노출 · 통제함으로써 사실상 공적 영역에 개입하고 있다. 이는 사적 기업이 공공 권력을 대체하는 현상이자, 정보의 민주화를 위협하는 구조다.

이러한 알고리즘 권력이 민주주의와 공존하기 위해서는 몇 가지 조건이 필요하다. 공공 영역의 알고리즘은 정당성과 평등성을 중심으로 설계되어야 하며, 판단 기준과 데이터는 공개되어야 한다. 책임 주체가 명확히 규정되고, 시민 참여형 감시 거버넌스를 통해 기술 권력이 민주적 절차 속에서 통제될 수 있어야 한다. 통제 없는 권력은 민주주의의 적이며, 설명할 수 없는 알고리즘은 사회적 합의의 바깥에 존재하게 된다.

기술 중립성은 정치적 중립성과 다른가?

기술은 종종 중립적인 도구로 묘사되지만, 실제로는 특정한 가치와 목적을 반영하는 선택의 결과물이다. 기술 중립성은 기술이 정치적 의도나 사회적 가치 판단으로부터 자유롭다는 신화를 기반으로 하지만, 현실에서의 기술은 설계자의 의도, 수익 모델, 사회적 환경에 깊이 영향을 받는다.

특히 알고리즘은 사용자 반응, 광고 수익, 콘텐츠 선호 등을 기반으로 작동하며, 이 구조는 결과적으로 사회적 편향과 정보 왜곡을 야기할 수 있다. 유튜브, 페이스북 등의 사례에서 보듯, 알고리즘은 정치적 결과에 큰 영향을 미치면서도 그 책임은 회피하는 이중성을 보여 준다.

정치적 중립성이 공공 기관의 공정성을 위한 제도적 원칙이라면, 기술 중립성은 책임 회피의 논리로 기능할 위험이 크다. 기술이 사회에 영향을 미치는 순간, 그 기술은 정치적이며, 공공적 책임 아래 놓여야 한다. 기술의 설계는 가치의 실천이고, 그 가치는 민주주의와 공존할 수 있는 윤리적 기준 위에 서야 한다. 기술은 결코 중립적이지 않으며, 권력으로 작동하는 모든 기술은 통제되어야 한다.

10
공공 알고리즘과 민주적 통제의 필요성

시민 없는 알고리즘은 민주주의가 아니다. 기술이 권력이 되는 시대에, 민주주의는 기술을 통제할 수 있는 정치적 역량으로 다시 구성되어야 한다. 알고리즘 민주주의는 디지털 시민권의 새로운 현장으로 자리 잡을 수 있다.

AI와 미래 의사?

행정 알고리즘의 투명성 확보 방안

인공지능과 알고리즘 기술은 공공 행정의 효율성과 정밀도를 획기적으로 향상시켰다. 복지 대상자 선정, 조세 회피 추적, 범죄 예측, 민원 분류, 판례 분석 등 다양한 영역에서 알고리즘은 인간의 판단을 보완하거나 대체하며 디지털 행정의 핵심으로 작동하고 있다. 그러나 알고리즘에 의해 결정되는 행정은 그 기준과 절차가 시민은 물론 행정 담당자에게도 불분명한 경우가 많아, 공공성의 위기를 초래하고 있다. 특히 민간 기업이 개발한 알고리즘이 저작권 · 영업비밀을 이유로 비공개될 경우, 결정 과정이 감춰지며, 행정권의 정당성과 책임성은 약화된다.

이러한 문제를 해결하기 위해서는 첫째, 모든 공공 알고리즘에 대해 등록과 공개를 의무화하는 법적 제도가 필요하다. 알고리즘의 목적, 설계 기준, 입력 데이터 등을 국민이 열람할 수 있도록 투명하게 공개해야 한다. 둘째, 설명 가능한 AI(XAI)의 도입이 필수적이다. 알고리즘의 판단 과정은 기술적 설명에 그쳐서는 안 되며, 시민이 이해할 수 있는 형태로 정리된 '사회적 설명'이 함께 제공되어야 한다. 셋째, 단순히 정보량을 늘리는 것이 아니라 시민 친화적인 정보 디자인을 통해 실질적인 이해 가능성을 보장해야 한다. 마지막으로, 행정 알고리즘의 투명성은 내부 검토만으로 확보될 수 없기 때문에 시민 단체, 전문가, 독립 기구 등이 참여하는 외부 감시 체계가 반드시 병행되어야 한다.

행정 알고리즘의 투명성은 단순한 기술적 요구가 아니라, 시민이 정부 행정에 참여하고 견제할 수 있도록 하는 민주적 정당성의 조건이다. 기술 기반 행정일수록 더 높은 수준의 설명 가능성과 책임성이 요구되며, 이는 민주주의 사회에서 공권력의 최소한의 도리이기도 하다.

시민의 알고리즘 이의 제기권 보장

알고리즘 기반의 자동화된 행정 결정이 늘어나면서, 시민은 점점 더 인간이 아닌 시스템의 판단에 의해 권리와 기회가 결정되는 시대를 살아가고 있다. 복지 수급 탈락, 세무 조사 대상 선정, 형사 사법 절차 분류, 주거 배정 등에서 알고리즘은 실질적 판단 주체로 기능하고 있으며, 시민은 이러한 결정에 불복하거나 정정할 수 있는 권리를 제대로 보장받지 못하고 있다.

이는 절차적 정의의 심각한 훼손이며, 알고리즘이 무오류라는 잘못된 믿음이 시민의 권리를 침해하는 역설적 상황을 초래하고 있다. 전통적인 행정 결정은 인간의 판단을 전제로 하고 있었기에 행정 심판, 민원, 소송 등 다양한 이의 제기 절차가 제도화되어 있었지만, 알고리즘 결정은 책임 주체의 불명확성과 설명의 부재로 인해 이의 제기가 사실상 불가능한 경우가 많다.

이러한 상황을 개선하기 위해서는 알고리즘에 의해 이뤄진 행정 결정에 대해 시민이 이의를 제기하고 재심을 요구할 수 있는 권리를 법적으로 명시해야 한다. 이와 함께 판단의 근거와 기준에 대한 설명 가능한 정보 제공이 병행되어야 하며, 이는 단순한 수치가 아니라 시민의 언어로 이해될 수 있는 정보 디자인을 포함해야 한다. 또한, 독립적이고 외부적인 재심 기구의 설치와 디지털 취약 계층에 대한 지원 체계의 구축은 이 권리가 실질적으로 행사되기 위한 필수 조건이다.

알고리즘 이의 제기권은 단순한 민원이 아니라, 기술 권력에 대한 시민의 민주적 권리이며, 디지털 시대의 새로운 기본권으로 자리매김해야 한다.

알고리즘 정책 결정의 공공성 원칙

공공 행정과 정책 결정 과정에 알고리즘이 본격적으로 도입되면서, 이제 기술은 단순한 집행 수단을 넘어 정책의 방향을 설정하는 역할까지 수행하고 있다. 데이터 기반 예측 모델과 인공지능은 복지, 교통, 교육, 치안 등 광범위한 분야에서 정책 형성과 집행에 관여하고 있으며, 이는 기술이 공공 거버넌스의 실질적 권력으로 떠올랐음을 의미한다.

문제는 이러한 알고리즘이 과연 공공성을 내재하고 있는가 하는 점이다. 알고리즘 기반 정책은 사회적 합의나 정치적 토론 없이 '중립적 기술'이라는 이름으로 작동하며, 결과적으로 특정 가치 판단을 내포한 결정을 정치적 책임 없이 실행하는 구조를 만들어 낸다. 정책 알고리즘이 정치적 결정을 은폐하는 수단이 되는 순간, 기술은 민주주의를 우회하는 권력이 된다.

따라서 공공 정책에서 알고리즘은 공익 지향성, 절차적 정당성, 설명 가능성과 책임성이라는 세 가지 공공성 기준을 충족해야 한다. 이를 위해 사전 정책 영향 평가, 시민 참여 기반 거버넌스, 정책 알고리즘의 공공 코드화 등의 제도화가 필요하다. 기술은 정치적 중립을 가장하더라도, 결과적으로 특정 계층에 유리하거나 불리하게 작동할 수 있다. 공공성을 내재하지 않은 정책 알고리즘은 비효율적이진 않더라도, 정당하지 않을 수 있다.

공공 부문 알고리즘 감시 기구의 설계

공공 알고리즘은 행정의 효율을 높이지만, 동시에 권력의 비가시화, 시민의 권리 침해, 시스템 오류 은폐 등의 위험을 내포한다. 이러한 위험을 실질적으로 통제하기 위해서는 단순한 부처 지침이나 내부 감사로는 부족하며, 독립적이고 상설적인 감시 기구가 필요하다. 이는 공공 알고리즘을 국가적 수준에서 감시하고 통제할 수 있는 제도적 기반을 마련해야 함을 의미한다.

감시 기구는 사전 심사 및 적합성 평가, 주기적 감사 및 위험 보고, 시민 피해 접수 및 조사, 정보 공개 및 공시 관리, 시민 참여형 윤리 심사 등 다양한 기능을 수행할 수 있어야 한다. 이는 단순한 행정 감사가 아니라, 기술과 권리의 접점에서 작동하는 준사법적 기능을 갖춘 구조가 되어야 한다.

이러한 기구는 대통령 직속 또는 독립 행정 기구로 설치할 수 있으며, 「AI 기본법」의 개정 또는 「공공 알고리즘 책임법」 같은 특별법을 제정해 법적 근거를 명확히 해야 한다. 감시 기구는 기술의 효율성과 사회적 정당성 사이의 균형을 조율하는 민주주의의 도구이자, 공공 기술의 윤리적 설계와 운영을 위한 헌법적 장치가 되어야 한다.

알고리즘 민주주의: 기술과 시민 참여의 접점

기술이 사회적 결정 구조를 대신하고 있는 오늘날, 우리는 새로운 민주주의의 틀을 모색해야 한다. '알고리즘 민주주의'는 기술이 시민의 권리와 참여를 확장하는 방식으로 설계되어야 한다는 민주주의의 새로운 원칙이다. 이는 기술이 민주주의를 대체하는 것이 아니라, 민주주의의 원리를 구현하고 강화하는 수단이 되어야 한다는 주장이다.

무엇보다 알고리즘 민주주의는 시민이 단순한 수용자가 아니라 알고리즘 설계와 의사결정의 주체로 참여하는 구조를 지향한다. 이를 위해 정책 알고리즘 설계 단계에서 시민 의견을 반영하고, 시민 패널과 디지털 공청회를 제도화하며, 시민이 자신의 데이터를 관리하는 데이터 공동체 모델을 도입해야 한다.

기술은 설계자의 가치와 사회적 조건을 반영하며, 중립적이지 않다. 따라서 기술은 민주적으로 설계되어야 하며, 시민의 참여 없이는 정당성을 확보할 수 없다. 알고리즘 민주주의는 바로 이러한 원리를 제도화하고 기술이 권력이 아닌 도구로 기능하도록 통제하는 정치적 기획이다.

결국, 시민 없는 알고리즘은 민주주의가 아니다. 기술

이 권력이 되는 시대에, 민주주의는 기술을 통제할 수 있는 정치적 역량으로 다시 구성되어야 한다. 알고리즘 민주주의는 디지털 시민권의 새로운 현장으로 자리 잡을 수 있다.

김윤명

디지털정책연구소(DPI) 소장이다. 남도의 니르바나, 땅끝 해남에서 태어났다. 광주 인성고등학교와 전남대학교 문헌정보학과를 졸업하고, 경희대학교에서 지식재산법을 전공해 박사학위를 받았다. 현재는 세종사이버대학교에서 정보보호학을 공부하고 있다. 네이버 정책수석, 소프트웨어정책연구소(SPRi)에서 소프트웨어와 인공지능 법제 연구를 맡았으며, 국회에서는 보좌관으로 입법과 정책을 다루었다. 이재명 경기도지사 캠프와 인수위인 새로운경기위원회에서, 그리고 이재명 대통령후보(20대, 21대) 캠프에서 활동했다. 대통령소속 국가지식재산위원회 AI-IP 특위에서 AI 시대에 변화하는 지식재산의 지형을 함께 그렸다. 경희대학교 법무대학원에서 '인공지능법'을, 전남대학교 데이터사이언스대학원 '데이터사이언스 법과 윤리'를 강의하며 다음 세대를 준비하고 있다.

사유하고 질문하고 기록하는 일은 일상이다. 『블랙박스를 열기 위한 인공지능법』은 교육부 우수학술도서로, 『게임법』, 『게임서비스와 법』, 『인터넷서비스와 저작권법』은 문화체육관광부 세종도서(우수학술도서)로 선정되었다.

시를 짓고 사진을 찍는다. 두 아이들의 강하중학교에서 발간한 시집 『나에겐 비도 맛있다』에 몇 편의 시를 담았다. 아내와 아이들, 그리고 시고르자브종 리카와 밴, 동네 골목, 바람과 하늘, 꽃과 나무 등 세상의 모든 숨결이 그의 렌즈에 깃든다. 사람들의 짠하고도 아심찬한 풍경을 기록한다. 시집을 내고, 사진 겔

러리를 여는 것이 꿈이기도 하다.

집안에 '도서관N'을 세웠다. 정사서 1급 자격증을 가지고 있지만, 도서관장은 아내다. 'N'은 네이버와 한게임의 합병법인 NHN(Next Human Network)에서 따온 'Next'를 의미한다. "도서관엔(N) 뭐가 있을까? 도서관엔(N) 길이 있지! 도서관 다음엔(N) 뭘 만들지?" 이런 장난스런 물음 속에 세상을 향한 다음 걸음을 품는다. 언젠가 모두를 위한 더 큰 도서관N을 짓겠다는 꿈을 품고 있다.

그는 다시 길을 내려 하고 있다.

AI를 비롯한 디지털 법제와 정책을 연구하기 위해 양평에 '디지털정책연구소(Digital Policy Institute)'를 세웠다. 그와의 인연은 digitallaw@naver.com을 통해 이어질 것이다.